प्रतिनिधि कविताएँ

प्रतिनिधि कविताएँ

कालीचरण 'स्नेही'

वाणी प्रकाशन

वाणी प्रकाशन
4695, 21-ए, दरियागंज, नयी दिल्ली 110 002

फ़ोन : +91 11 23273167 फ़ैक्स : +91 11 23275710

शाखाएँ
अशोक राजपथ, पटना 800 004, बिहार

कॉफ़ी हाउस कैम्पस, महात्मा गांधी मार्ग, इलाहाबाद 211 001, उत्तर प्रदेश

महात्मा गांधी अन्तरराष्ट्रीय हिन्दी विश्वविद्यालय, वर्धा 442 001, महाराष्ट्र

सुल्तानिया रोड, मोतिया पार्क, भोपाल 462 001, मध्य प्रदेश

www.vaniprakashan.com
marketing@vaniprakashan.in
sales@vaniprakashan.in

Pratinidhi Kavitayen
by Kalicharan 'Snehi'

ISBN : 978-93-90678-42-6
Poetry Collection

प्रथम संस्करण 2022

मूल्य : ₹ 299

आर. टेक ऑफ़सेट प्रिंटर्स, दिल्ली-110032 में मुद्रित

वाणी प्रकाशन का लोगो मक़बूल फ़िदा हुसेन की कूची से

समर्पण

वैश्विक महामारी कोरोना (कोविड–19) के इस जटिल और डरावने दौर में, उन महायोद्धा चिकित्सकों और सेवादारों को, जो कोरोना संक्रमित मरीज़ों का इलाज करते हुए शहीद हो गये।

अनुक्रम

भूमिका

कवि और कविता के विषय में

प्रो. कालीचरण स्नेही आज के दौर में दलित कविता के महत्त्वपूर्ण हस्ताक्षर हैं। आप जब–जब प्रो. कालीचरण स्नेही की कविता पर नज़र डालेंगे तो आपको निःसन्देह लगेगा कि श्रम–संघर्ष से रची गयी और ख़ून–पसीने से लिखी गयी सच्ची कविता ने सदियों के बाद अब आकर करवट ली है। अब तक वह अपने रुख़ उठ खड़ी नहीं हो पा रही थी। संकलन की इन कविताओं में लोक–जीवन का दिल धड़क रहा है और कविता का चिन्तन एक्शन के मूड में कुछ कर गुज़रने को बेताब हो रहा है। हिन्दी का काव्य–जगत जिन लोकतान्त्रिक मूल्यों से, संविधान की कल्याणकारी भावना से कतराया–कतराया कला और सौन्दर्य लोक के गीत रच रहा था, अपना यथास्थितिवादी उपक्रम बनाये हुए महज़ कविता के लिए कविता रच रहा था, वहीं प्रो. कालीचरण स्नेही की कविताएँ भारतीय संविधान के जनक बाबासाहब डॉ. भीमराव अम्बेडकर और भारतीय संविधान की प्रस्तावना की वैचारिकी को ध्यान में रखकर लिखी गयी हैं। एक तरह से देखा जाये तो बाबासाहब द्वारा रचित भारतीय संविधान की प्रस्तावना दलित साहित्य की बुनियाद है। इसी बुनियाद पर प्रो. कालीचरण स्नेही की कविताएँ नये समाज निर्माण की ओर आगे बढ़ रही हैं।

आज वंचित समाज की आरक्षण व्यवस्था को लेकर पूरे भारत में खलबली मची हुई है। जिस आरक्षण व्यवस्था से भारत का हर हिन्दू कवि बिदकता है, चिढ़ता है और इसे काव्य का

विषय ही नहीं मानता है, वहीं कवि कालीचरण स्नेही भारतीय संविधान की प्रस्तावना के अनुकूल बहुजनों के मानवाधिकारों और आरक्षण की पक्षधरता को स्पष्ट करते हुए कहते हैं :

जब तक भारत की धरती पर,
जात–पाँत का फण्डा है।
तब तक संविधान में अपने,
आरक्षण का डण्डा है।।

सन् 1902 में छत्रपति शाहू जी महाराज ने अपने राज्य में आरक्षण की व्यवस्था की थी। तब तक बाबासाहब ने पृथक् निर्वाचन नहीं माँगा था कि दलित अपने प्रतिनिधि का चुनाव करें ग़ैर–दलितों के बग़ैर दख़लन्दाज़ी के, बाद में जब डॉ. अम्बेडकर ने पृथक् निर्वाचन की माँग की तो गाँधी जी उनकी माँग के ख़िलाफ़ आमरण अनशन लेकर अड़ गये और दलितों के मसीहा को मजबूर होकर समझौता करना पड़ा। इसका नतीजा यह कि आज भी दलितों को उनका नेतृत्व नहीं मिल रहा और सत्तर साल से आरक्षण पूरा न होने से करोड़ों दलितों, आदिवासियों का नुक़सान हो रहा है। उसका हर्जाना भी उन्हें नहीं मिल रहा। बल्कि आरक्षित क्षेत्रों को ही मौत के घाट उतारने का सिलसिला चल रहा है। गाँधी जी का 'ग्राम्य स्वराज्य' और 'राम राज्य' दलितों के लिए यातना काल बन कर रह गये। कवि 'स्नेही' जी लिखते हैं :

वर्ण–व्यवस्था जारी जब तक, राम राज्य एजेण्डा है।।
छुआछूत तुम अब भी बरतो, करो गाँव में दंगा।
पिछले साल घुमाया तुमने, नागमती को नंगा।
ज़िन्दा जला दिया दलितों को, पड़ा मामला ठण्डा है।।

दलित उत्पीड़न पर अब सवर्ण कवि कविता नहीं लिख रहा ऐसे में दलित कवि भी हृदय द्रवित न होगा तो किसका होगा। भारत में आज़ादी के बाद जितने दलितों की हत्याएँ स्वदेशियों ने कीं, जिनकी माँ–बहनों के साथ ग़ैर–दलितों ने बलात्कार किये

उतने अत्याचार तो अंग्रेज़ों ने दो सौ साल में भी नहीं किये। अंग्रेज़ों से दो सौ साल के दमन–शोषण उत्पीड़न के कम्पन्शेसन माँग रहे शशि थरूर को चार हज़ार साल के दलितों के छीने गये मानवाधिकार, अस्पृश्यता और बहिष्कार रूपी अन्धकार की भी थोड़ी क्षतिपूर्ति देने की बात सोच लें। इसके लिए वे 'स्नेही' जी की कविता ज़रूर पढ़ें। काव्य वेदना का तत्त्व और व्याकुलता का सबब यह है कि बाबासाहब के समाजवादोन्मुख लोकतान्त्रिक संविधान के बावजूद 'दलित एक्ट' की व्यवस्था के बाद भी दो फ़ीसदी भी दलित उत्पीड़क, अपराधी दण्डित नहीं हो पा रहे हैं मतलब यह कि दलित पर गै़र–दलितों का राज भारत पर हुए अंग्रेज़ी राज से भी अधिक अन्यायपूर्ण राज है। जिस अंग्रेज़ी राज को शशि थरूर 'एक अन्धकार युग' कह रहे हैं, उस युग में भी दलित के लिए अंग्रेज़ अधिक अच्छा करते दिख रहे थे। कवि के पास नज़ीर है–

आये साइमन थे भारत में, बन कर दलित हितैषी।
अनशन करके तब गाँधी ने, चाल चली कुछ ऐसी।।
पूना पैक्ट हुआ हिन्दू हित, यह उसी पैक्ट का अण्डा है।
इसीलिए तो संविधान में अपने, आरक्षण का डण्डा है।।

सवर्ण सम्पन्न सुविधाभोगी कवियों को शब्दों को जुगाली करने के लिए समस्याओं की कल्पना करनी पड़ती है। कृत्रिम या शाब्दिक संवेदना जगानी पड़ती है, जब कि दलित के लिए समस्या की आँखों में आँखें डालकर कविता बरस रही है। पंक्तियों का लेखक जब मौक़े पर गाँव जाकर 'सियासत व समाज का अन्धकार' लिखता है कविता में वह बिम्ब 'स्नेही' की क़लम से और सहजता से उभर आता है :

साइकिल पर चढ़ कर नहीं निकल सकते,
अब भी शिक्षित दलित उसके दरवाज़े से।

यह जातिविद्वेष, घृणा और अशुभकामनाएँ क्या परस्पर सहअस्तित्व सहयोग और भाईचारा कायम करने देगा।

कहा जा सकता है कि जब बात मुद्दों की हो, एजेंडा स्पष्ट हो और कविता सोद्देश्य हो, तब कला की कलाबाज़ी में कवि मात खा सकता है, परन्तु वह अपने नैतिक कर्तव्य और दायित्वबोध में बहुत आगे निकल जाता है, उसके अनुभव से ही उसका फ़ैसला निकलकर आता है कि :

न किसी मन्दिर की देहरी चढ़ूँगा,
इन्सानियत का नया नक़्शा गढ़ूँगा।
झूठ के पोथन्ना अब नहीं पढ़ूँगा,
समता का मैं युद्ध लड़ूँगा।।

जाति न मानने का सर्वाधिक दावा भारत के वामपन्थी करते हैं, परन्तु उनकी जाति पहचान हटा दी जाय, नाम के आगे–पीछे से जाति सूचक हटा दिये जायें, तो कितने ही कामरेड आत्महत्याएँ कर लेंगे? कई तथाकथित ग़ैर–दलित लेखिकाएँ, जाति सरनेम न रखने वाले पतियों को तलाक दे देगीं, वैसे मंच पर दलित लेखिकाओं से बहनापा प्रकट करेंगी, संसद में उन्हें भागीदारी दिये बग़ैर आरक्षण पाने का प्रयास करेंगी। जिस देश में आदमी को उसकी जाति से पहचाना जाता हो और कामरेड भी तमगे की तरह सरनेम लगाता हो। उस देश में क्रान्ति नहीं भ्रान्ति ही हो सकती है। कुछ अपवाद भी हैं, जो जाति निरपेक्ष दलितों में जाते हैं तो सरनेम का तमगा हटा लेते हैं और स्वजाति दबंगों में जाते हैं, तो काम कराने से पहले अपनी जाति का तमगा लगा लेते हैं। कवि 'स्नेही' ने कविता में इन प्रश्नों को बेबाकी से उठाने का जोख़िम लिया है :

यहाँ सब अपनी–अपनी,
जाति का खोल ओढ़े हुए हैं।
वेद के साथ सम्बन्ध जोड़े हुए हैं।
आचरण में दोगलापन है।

इस लम्बी कविता में कवि ने कम्युनिस्टों के विचार और व्यवहार के अन्तर को पूरी तरह खँगाल कर रख दिया है।

क्रियाकलाप के एक–एक पक्ष पर विचार किया गया है। स्नेही जी ने शब्दों के नश्तर से दोगलापन का फोड़ा फाड़ दिया है। दलित को लेकर वामपन्थी विरोधाभास के 'वाद' में सना पड़ा है। कम्युनिस्ट, भारत में अछूत सर्वहारा का नेतृत्व स्वीकार नहीं करता, बल्कि क्रान्ति के नाम पर वह नेतृत्व पर क़ब्ज़ा कर शब्दों में इन्क़लाबी बना रहता है और यथार्थ में वह वर्णभेदी यथास्थिति बनाये रखने का उपक्रम करता है। 'स्नेही' ने परामर्श दिया है :

सचमुच में ही साम्यवाद लाना चाहते हो
तो जहाँ–जहाँ तुम्हारी सरकार है,
वहाँ–वहाँ मुख्यमन्त्री पद,
किसी धोबी, धानुक, पासी या चमार के हवाले कर दो।
या फिर
मुफ़लिसों–मज़दूरों से–
रोटी–बेटी का रिश्ता जोड़ दो।
जाति का घेरा तोड़ दो।

और अन्ततः कवि कामरेड को सामाजिक सुधार के लिए परामर्श देता है :

आओ कामरेड,
हमारे साथ आओ
चमरटोली में कुछ दिन साथ–साथ निवास करो।

भारत के कम्युनिस्ट इंग्लैंड, अमेरिका, अफ्रीका के नस्लभेद, दास प्रथा और सब तरह के साम्राज्यवादी शोषण के ख़िलाफ़ बोलते हैं। दूतावासों पर प्रदर्शन करते हैं, प्रेस में बयान छपवाते हैं, परन्तु जो सवर्णों ने गाँव–गाँव में अपना उपनिवेश बनाया, हद से ज़्यादा दलितों को सताया है, तो अछूत अपनी जन्मभूमि तक छोड़कर भाग गया। उसके मानवाधिकार की बात क्यों नहीं करते? उसको सामाजिक न्याय क्यों नहीं दिलाते? इन ज़िन्दा सवालों पर दलित कविता को सबसे पहले आना चाहिए था, पर देर आये दुरुस्त आये, 'स्नेही' जी ने एक बेहद वाजिब सवाल उठाया है :

हम अपने शोषक को जानते हैं,
वह इंग्लैण्ड या अफ्रीका में नहीं बसता है।
वह जालिम
भूदेव बनकर
हमें चूहड़ा, चाण्डाल कह रहा है।

भविष्य चेतक कवि, 'स्नेही' की कविता में दलित लॉजिक ज़बरदस्त प्रभाव कारगर होता है। सत्य का उद्‌घाटन किसी भी चमत्कारी शब्दावली को पछाड़ते हुए आगे आता है, जब कवि का सीधा संवाद, व्यवस्था से टकराता है :

हमें आदमी से पशु बनाने में,
इंग्लैण्ड या अमेरिका का नहीं,
गाँव के इन्हीं ढोंगी पण्डे–पुजारियों का हाथ है।

यह एक लम्बी कविता है, यह फ़र्ज़ी दलित–पक्षधरों के दलित प्रेम की कलई खोलती है। कवि कविता में उसी तरह के सवाल उठाता है, जो अठारहवीं शताब्दी में फुले ने उठाये थे और 'मूकनायक' व 'बहिष्कृत भारत' के सम्पादकीयों में 1920 से 1940 के दौरान उठाये गये थे।

प्रो. कालीचरण 'स्नेही' के काव्य विवेक और तर्क, दलित चेतना को इसी दिशा में प्रश्नाकुलता से भर रहे हैं। यही प्रश्न समता, स्वतन्त्रता और बन्धुता के लोकतान्त्रिक मूल्यों में जान डाल पायेंगे। यह निश्चित है, वे दिन सचमुच में अच्छे होंगे और दलितों के प्रयास से ही आयेंगे।

–प्रो. श्यौराज सिंह बेचैन
विभागाध्यक्ष, हिन्दी विभाग
दिल्ली विश्वविद्यालय

कालीचरण स्नेही : आन्दोलनधर्मी सृजनात्मक व्यक्तित्व

बुन्देलखण्ड को साहित्यकारों और वीर–योद्धाओं की उर्वर भूमि कहा जाता है। लोक–विख्यात 'आल्हखण्ड' के रचयिता महाकवि जगनिक, हिन्दी के प्रथम आचार्य केशवदास, जनकवि ईसुरी, मुंशी अजमेरी, राष्ट्रकवि मैथिलीशरण गुप्त, प्रख्यात उपन्यासकार वृन्दावनलाल वर्मा, कृष्णानन्द गुप्त, रामचरण ह्यारण 'मित्र' जैसे सुविख्यात साहित्य–सेवी और महोबा के बनाफर आल्हा–ऊदल, झाँसी की रानी लक्ष्मीबाई, वीरांगन झलकारीबाई अमर शहीद चन्द्रशेखर आजाद, भगवानदास माहौर जैसे शौर्य के प्रतीक वीर–योद्धाओं ने विश्वस्तर पर बुन्देलखण्ड का नाम रोशन किया है।

इसी बुन्देलखण्ड में दो पहाड़ियों के मध्य, बेतवा के तट से पूर्व की ओर डेढ़ कि.मी. दूर, हरेभरे वन क्षेत्र में, मध्य प्रदेश के टीकमगढ़ ज़िले की उत्तरी सरहद का आख़िरी ग्राम–'कठऊपहाड़ी' बसा हुआ है। ग्राम–कठऊपहाड़ी, अब नवगठित–निवाड़ी ज़िले के अन्तर्गत आ चुका है। इस ग्राम को उत्तर प्रदेश की सीमाओं ने तीन ओर से घेर रखा है। बेतवा नदी से निकली नहर ने इस गाँव के खेतों को सींचकर 'सोना' पैदा करने लायक उपजाऊ बनाया। पलोथर पहाड़ और बेतवा के तट पर स्थित घने जंगल (जो कि अब नष्टप्राय हैं) कठऊपहाड़ी के 'काठ' और पहाड़ी संज्ञा को सार्थकता प्रदान करते प्रतीत होते हैं। यादव और लोधी

बाहुल्य इस ग्राम में दलितों के भी साढ़े तीन सौ परिवार आबाद हैं, इन्हीं दलित आबाद परिवारों में गंगूलाल का परिवार भी है, जो कि अठारह सौ सत्तावन के गदर के बाद झाँसी से विस्थापित होकर कठऊपहाड़ी में रोज़ी–रोटी की तलाश में आ बसा था। ये दास्तान है, उस कठऊपहाड़ी की, जिसका प्रो. कालीचरन स्नेही के आन्दोलनधर्मी सृजनात्मक व्यक्तित्व से अटूट सम्बन्ध है। व्यक्ति जहाँ पैदा होता है, जहाँ उसका बचपन गुज़रता है, वहाँ से रागात्मक सम्बन्ध तो होता ही है। प्रो. स्नेही भले ही आज ओजस्वी वाणी के उस्ताद हों लेकिन उनका बचपना और उनकी 'तरुणाई' तो उसी बुन्देलखण्ड के बेतवा के किनारे पारी (कठऊपहाड़ी) परसा, खुवा–बेरबई, चँदवारी, रमपुरा–भटपुरा, लुहर गाँव, बरौल, सैंदरी–माँदरी, बँगरा, सादिकपुर, सिन्दूर सागर और गढ़ कुण्डार की प्राकृतिक पहाड़ियों में 'कालीचरण' का शुरुआती जीवन गुज़रा है। आल्हा और ऊदल जैसे वीर योद्धाओं का सम्बन्ध भी इसी बुन्देलखण्ड से रहा है, जिनकी शौर्यगाथा 'जगनिक' के परमाल रासो के माध्यम से घर–घर गायी जाती है। कुछ विद्वानों का मत है कि आल्हा–ऊदल आदिवासी (बाँसफोर) जाति से सम्बन्ध रखते थे, यही कारण है कि इन्हें 'ओछी जात बनाफर राय' कहकर लगातार अपमानित किया जाता रहा। इन योद्धाओं ने अपने समय में दिल्लीपति पृथ्वीराज चौहान को नाकों चने चबवा दिये थे। खेद की बात है कि मनुवादी इतिहासकारों ने उन शौर्यगाथाओं को इतिहास से लगभग ग़ायब ही कर रखा है, लेकिन जनमानस ने अपनी वाचिक परम्परा में इन स्वाभिमानी रणबाँकुरों को, इतिहास को चुनौती देते हुए सदैव याद रखा है। प्रो. कालीचरण स्नेही का जन्म इसी आल्हा–ऊदल की वंश परम्परा में गदर के सौ साल बाद माता रानीबहू की कोख से (20.03.1957 ई. को) कठऊपहाड़ी में हुआ।

इन्हीं प्राकृतिक परिवेशों के बीच मुक्त मृदुल कण्ठ के कवि का बचपना 'कालीचरण' के रूप में गुज़रता है, बकौल प्रो. स्नेही,

''कविता के संस्कार निवाड़ी में ही पड़े थे, लेकिन कविता के प्रति मेरी अभिरुचि तीसरी–चौथी कक्षा में पढ़ते हुए विकसित होने लगी थी, रसखान के सवैया, कबीर की साखियाँ और मानस की चौपाइयों ने मेरे हृदय में कविता का बीजारोपण कर दिया था... बाद के वर्षों में 'कबीर की साखियाँ' मुझसे चिपक गयीं और 'मानस की चौपाइयाँ', साखियों के चिपक जाने पर मिसफिट होती चली गयीं...सद्गुरु कबीर हमें अपने सगे–सम्बन्धी और पूर्वज जान पड़े, जो कि सच भी है, पर तुलसी के काव्य से मेरा कोई रिश्ता–नाता नहीं बन सका। कबीर के वंशजों से 'तुलसी' की रिश्तेदारी निभ भी नहीं सकती है।''

चलिए यह तो पता चल गया कि 'प्रो. स्नेही' के भीतर कविता के संस्कार कैसे और कहाँ पड़े और उनके मृदुल कण्ठ का राज़ क्या है? लेकिन अभी यह पता लगना बाक़ी है कि उन्होंने जनता को लामबन्द करने वाली और ललकारने वाली भाषा कहाँ से सीखी?

प्रो. स्नेही को 'आजीविका' के लिए न चाहते हुए भी कुछ समय तक बुन्देला ठाकुरों के गढ़ 'काँठर' में रहना पड़ा। बकौल प्रो. स्नेही ''1985 में मेरी नियुक्ति इण्टर कालेज में हिन्दी लेक्चरर पद पर हो गयी। पोस्टिंग मिली–शासकीय कन्या उच्चतर माध्यमिक विद्यालय–जतारा, ज़िला टीकमगढ़ में। वहाँ हालात बदतर थे, तहसील मुख्यालय होने के बावजूद मुझे किसी गैर–दलित ने किराये पर रहने को मकान नहीं दिया। अपने ही दलित भाई जो कि उसी स्कूल में लिपिक थे, उनके घर पर किराये से रहा... सन् 1988 तक मुझे इस सड़ाँध और सामन्ती माहौल में घुट–घुट कर जीते हुए नौकरी करनी पड़ी...सूअरों के झुण्ड रात–दिन मेरी पहरेदारी करते थे...दलितों की अस्मिता को कुचलने के लिए हिन्दू समाज ने वे सभी अवस्थाएँ निर्मित कर रखी हैं जिनसे कि हमारा वजूद ही मिट जाय, पर हम हैं कि उन विषम परिस्थितियों में भी अपने को ज़िन्दा ही नहीं रखते

दूसरों के लिए भी ज़िन्दा रहने का माहौल बनाते रहते हैं।'' यहाँ तक सड़ाँध और घुटन की ज़िन्दगी जीने के बाद प्रो. स्नेही के जीवन में 'टर्निंग पॉइंट' आता है जहाँ वे निराशा से आशा की ओर, दमघोटू माहौल से 'साँस लेने लायक माहौल' की ओर छलाँग लगाते हैं। बकौल प्रो. स्नेही ''लगभग छह–सात साल की अध्यापकी की नौकरी मैंने अपने गृह जनपद टीकमगढ़ ज़िले में की उसके बाद अगस्त 1988 में 'काँठर' क्षेत्र से निकलकर मुझे 'चम्बल' में बारह वर्ष तक सरकारी कालेज में हिन्दी प्रवक्ता की नौकरी करनी पड़ी। मेरी पोस्टिंग आलमपुर ज़िला भिण्ड मध्य प्रदेश में हुई। यहाँ माहौल साँस लेने लायक था... यहाँ पर दलितों की स्थिति 'काँठर' से सौ गुना बेहतर है, मैंने यहाँ समानता और भाईचारे का अनोखा माहौल देखा। दलितों के साथ शत्रुतापूर्ण व्यवहार का जो माहौल काँठर में था, वह यहाँ पलट गया, मेरे कवि मन को यहाँ स्पेस मिला।''

बड़े आश्चर्य की बात है कि अपने गृह जनपद टीकमगढ़ में बेचैन रहने वाला व्यक्ति 'चम्बल में चैन की साँस' ले रहा है, जबकि पूरा भारत चम्बल के नाम से डरता है। है न अजब 'इत्तेफ़ाक़' पूरा भारत जिस चम्बल के नाम से 'चैन की साँस नहीं ले पाता' वहाँ प्रो. स्नेही को लगता है कि 'यहाँ माहौल साँस लेने लायक' है और साथ में यह भी कि 'मैंने यहाँ समानता और भाईचारे का अनोखा माहौल देखा'...'मेरे कवि मन को यहाँ स्पेस मिला।' व्यवस्थावादी लोग कह सकते हैं कि कालीचरण 'बाग़ी' हो गया है, व्यवस्था के ख़िलाफ़ जो भी बग़ावत करता है वह 'बाग़ी' हो जाता है और 'चम्बल' में शरण पाता है, साथ ही चम्बल में ही कसम खाता है कि मुझे ताउम्र इस व्यवस्था के ख़िलाफ़ बग़ावत करनी है। फूलन ने वह शपथ पूरी भी की। ऐसा लगता है कि वर्णवर्चस्ववादी आर्यशास्त्रानुमोदित चक्की में पिसते हुए अपने समाज को देखकर योद्धा कालीचरण जी ने व्यवस्था के ख़िलाफ़ 'बग़ावत' करने की 'चम्बल में कसम' खा ली है।

व्यवस्था भी इस बाग़ी को पकड़ने के लिए लगी हुई है, लेकिन बिना 'चम्बल की कसम' पूरी किये यह बाग़ी हाथ में आने वाला नहीं है, यह बग़ावत साहित्य और समाज में लोकतन्त्र की स्थापना के निमित्त ही तो है। चम्बल की कसम तभी पूरी होगी–जब लोकतन्त्र आयेगा। ओह, तो ये राज़ है इस बाग़ी की लामबन्द करने वाली, ललकारने वाली भाषा का। निश्चय ही प्रो. कालीचरण स्नेही की भाषा में जो तेज़ है, जो ओजस्विता है, जो अदावत है, जो बाग़ीपन है वह आलमपुर का ही आलम है।

मध्य प्रदेश के शिक्षा विभाग में लगभग 22 वर्ष तक अध्यापन करने के बाद इन्होंने उत्तर प्रदेश की राजधानी लखनऊ की ओर रुख किया। अपने भीतर पड़े कविता के संस्कार ललकारने वाली भाषा के बाग़ी तेवर के साथ प्रो. स्नेही ने उत्तर प्रदेश के ख्याति प्राप्त लखनऊ विश्वविद्यालय में एसोसिएट प्रोफ़ेसर का पद ग्रहण किया। यहाँ कार्य करते हुए जब वे हिन्दी विभाग में प्रोफ़ेसर एवं विभागाध्यक्ष बने तो समूचे उत्तर भारत में वे अकेले दलित थे। यहाँ रहते हुए इन्होंने अपनी उर्वर लेखनी और ओजस्वी–प्रभावोत्पादक व्याख्यानों के माध्यम से अन्तर्राष्ट्रीय ख्याति प्राप्त कर 'साहित्य जगत' में अपनी मौलिक पहचान बनायी है। ब्रिटेन और अमेरिका की लगातार यात्राओं ने इनके 'विजन' को बहुमुखी विस्तार दिया है। प्रो. 'स्नेही' ने अपने शोधपरक मौलिक व्याख्यानों के माध्यम से अमेरिका में बसे एशियाई, विशेष रूप से भारतीय मूल के प्रवासियों पर गहरा प्रभाव छोड़ा है। अमेरिका में आयोजित आठवें विश्व हिन्दी सम्मेलन के अवसर पर आपकी तीन पुस्तकों का न्यूयॉर्क में लोकार्पण हुआ था। जो कि एक महती उपलब्धि मानी जा सकती है।

'भारतीय दलित साहित्य अकादमी' लन्दन (यू.के.) तथा 'विश्व हिन्दी समिति, न्यूयॉर्क (यू.एस.ए.) से सम्मानित, प्रो. कालीचरण 'स्नेही' को 1994 में 'डॉ. अम्बेडकर नेशनल अवार्ड' भी प्रदान किया जा चुका है। 4–5 जुलाई, 2014 को पेरिस (फ्रांस)

में आयोजित थर्ड डॉ. अम्बेडकर इंटरनेशनल कन्वेंशन आयोजित किया गया। इस आयोजन में एक अम्बेडकरवादी चिन्तक के रूप में प्रो. कालीचरण 'स्नेही' को आमन्त्रित किया गया। 'क्रान्ति की भूमि' फ्रांस में आयोजित इस अन्तरराष्ट्रीय समारोह में लगभग चालीस देशों के अम्बेडकरवादी और मानवतावादी विद्वान, चिन्तक और समाज सुधारकों ने भाग लिया। प्रो. कालीचरण 'स्नेही' के नेतृत्व में भारत से चार सदस्यीय विद्वानों का दल, इस महाआयोजन में शामिल होने के लिए पेरिस की यात्रा कर चुका है।

प्रो. स्नेही, जय भारत–जय भीम, 'आरक्षण अपना–अपना', सुनो कामरेड, कविता का लोकतन्त्र, सोन चिरैया, एवरेस्ट, दलित विमर्श और हिन्दी दलित काव्य जैसी प्रसिद्ध पुस्तकों सहित, कुल पन्द्रह पुस्तकों के साथ 'दलित दुनिया' और हिन्दी साहित्य के क्षेत्र में चर्चा का विषय बन चुके हैं। इनके लेखन में विद्यमान, चिन्तन की मौलिकता और तर्कशीलता इन्हें उच्चकोटि का समालोचक, तर्कशील विद्वान तथा अम्बेडकरवादी दलित चिन्तक सिद्ध करती है। वे आज की दलित क्रान्तिकारी विचार परम्परा के प्रबल प्रतीक हैं।

प्रो. स्नेही की मौलिक सत्यान्वेषी इतिहास दृष्टि में भारत की समूची प्रतिरोधी, तेजस्वी और तर्कशील, बुद्धिवादी परम्परा नये अर्थ के साथ उद्घाटित हो उठती है। निश्चय ही कबीर की 'अनभै साँचा' ज्ञान परम्परा में वे आज तक 'मिसाल' की तरह हमारे सम्मुख खड़े हैं और दलित साहित्य आन्दोलन को विश्वफलक पर प्रचारित करने तथा आगे बढ़ाने का गुरुतर दायित्व निभा रहे हैं। आज प्रो. स्नेही, डॉ. अम्बेडकर के शैक्षिक मिशन को अग्रसर करने में जी-जान से जुट पड़े हैं। इन्हें विशुद्ध अम्बेडकरवादी चिन्तक तथा दलितों का मुखर प्रवक्ता माना जाता है।

–डॉ. यशवन्त वीरोदय
–डॉ. शकुन्तला मिश्रा
राष्ट्रीय पुनर्वास विश्वविद्यालय, लखनऊ

समय और समाज की ऐतिहासिक ज़रूरतों के मद्देनज़र कालीचरण 'स्नेही' की प्रतिनिधि कविताएँ

भारतीय संस्कृति, समाज तथा साहित्य के बारे में 'वैचारिक धुन्ध' फैलाने वाले शायद यह कभी नहीं सोचे होंगे कि हाशिये पर फेंक दी गयी कौम की आने वाली नस्लें उनका मूल्यांकन करेंगी। हाल के सालों में भारतीय इतिहास, समाज और साहित्य पर इन नस्लों ने मौलिक महत्त्व के कुछ काम किये हैं जिनमें महात्मा ज्योतिबाराव फुले, बाबा साहेब डॉ. भीमराव अम्बेडकर, पेरियार ई.वी. रामास्वामी नायकर ने महत्त्वपूर्ण काम किया, इन लोगों ने शोषण मुक्त समाज की एक ठेठ भारतीय विचारधारा को जन्म दिया जिस पर आगे चलकर डॉ. धर्मवीर, प्रो. कालीचरण 'स्नेही', डॉ. श्यौराज सिंह 'बेचैन', कांचा इलैया, ओमप्रकाश वाल्मीकि, डी. नागराज आदि ने भारतीय समाज, संस्कृति की ज़मीनी वास्तविकताओं को ज़्यादा जीवन्त, विश्वसनीय और वैज्ञानिक तरीक़े से देखने–परखने का प्रयास किया है।

ख़ौफ़नाक मंज़र लिए इक्कीसवीं सदी के कठिन दौर में, जहाँ एक ओर 'ब्राह्मणवाद', पूँजीवाद से षड्यन्त्रपूर्ण–खुफिया समझौता करके अपनी जाति–वर्ण–वर्चस्ववादी समाज व्यवस्था को बचाये रखने की पुरज़ोर कोशिश में लगा हुआ है, वहीं दूसरी ओर अपने को ज़ोर–ज़ोर से प्रगतिवादी कहने वाले मार्क्सवादी विचारधारा के भारतीय ठेकेदारों द्वारा, दलितों के स्वयं के नेतृत्व को समाप्त करने एवं सम्पूर्ण दलित आन्दोलन को 'हाईजैक'

करने की आन्तरिक मुहिम जारी हो—ऐसे में आततायी समूहों द्वारा नेस्तनाबूद कर दी गयी ऐतिहासिक—तहरीरों की ढूह पर बैठकर आज मैं सोचने पर मजबूर हूँ कि अपने 'आत्मसंघर्ष' को निर्णायक दिशा कैसे दूँ। ऐसे नाज़ुक वक़्त में एक नाम नज़र आता है—प्रो. कालीचरण 'स्नेही'। प्रो. कालीचरण 'स्नेही' की कविताएँ अपने अवाम से खैरियत और ख़ुशहाली का वादा करती नज़र आती हैं। 'आरक्षण अपना—अपना' 2007, 'आधुनिक बुन्देली काव्य' 2007, 'जय भारत जय भीम' 2007, द्वितीय संस्करण—2008, 'सुनो कामरेड' 2009, 'कविता का लोकतन्त्र' 2010, 'सोन चिरैया' 2012, 'ऐवरेस्ट' 2013 नाम से प्रो. कालीचरण स्नेही के अब तक कुल सात महत्त्वपूर्ण कविता संग्रह आ चुके हैं।

प्रस्तुत कविता संकलन का उद्देश्य उनकी उन चर्चित अतुकान्त कविताओं को सुधी पाठकों एवं क्रान्तिकारी साथियों तक पहुँचाना है—जो दलित दुनिया और हिन्दी साहित्य के क्षेत्र में चर्चा का विषय बन चुकी हैं। 'पूना पैक्ट का अण्डा', 'सुनो कामरेड', 'वे नही चाहते', 'कविता का लोकतन्त्र', 'आरक्षण अपना—अपना', 'दो पाय का जानवर', 'फ़ैसला', 'दरबार', 'भारत के गाँव', 'अश्वमेध का घोड़ा', 'कंचनजंघा', 'एक अदद आदमी', 'आज़ादी आज भी उसकी रखैल है', 'सुनो ब्राह्मण', 'लोकतन्त्र' और 'कम्युनिस्ट' जैसी कुल 48 प्रतिनिधि कविताएँ इस संकलन में समाहित हैं जिनमें प्रो. कालीचरण 'स्नेही' की मौलिक सत्यान्वेषी इतिहास दृष्टि ही नहीं बल्कि भारत की समूची प्रतिरोधी तेजस्वी तर्कशील और बुद्धिवादी परम्परा एक नये अर्थ के साथ उद्घाटित हो उठती है। 'दलित दुनिया' को झाँककर देखना और उस 'दुनिया को जीना' दोनों में ही ज़मीन—आसमान का फ़र्क़ है। स्वयं दारुण पीड़ा को भोगकर सामाजिक संघर्ष में भाग लेकर ही आत्मसंघर्ष को निर्णायक दिशा की ओर बढ़ाया जा सकता है। प्रो. स्नेही की सम्पूर्ण दलित कविताओं का बुनियादी ढाँचा यही है—जिसके लिए वे दूसरों से 'संवाद' करते नज़र आते हैं।

वे अपनी हर कविता में संवाद की ज़मीन तलाशते हैं। 'संवाद की ज़मीन', यानी एक ऐसा अखाड़ा, जहाँ वे ताल ठोक कर ललकार सकें और पटकनी दे सकें, उन यथास्थितिवादी ताकतों को जो लोकतन्त्र के लिए अब भी ख़तरा बनी हुई है। उनका यह संवाद निरर्थक नहीं है–वे सार्थक संवाद के पक्षधर कवि हैं, तभी तो 'सुनो कामरेड' कविता में उनकी अनिवार्य माँग है–

सोच समझकर तुमको जल्दी
निर्णय लेना होगा
उत्तर इसका 'हाँ' में देना होगा।

स्वयं सवाल खड़ा करके, 'हाँ' में जवाब माँगना कोई आसान नहीं है, कौन टिक पायेगा उन चुभते सवालों के सामने, जिसको प्रो. स्नेही सरीखे तमाम दलितों ने सदियों से भोगा है, ये सवाल वे जलते हुए अंगारे हैं, जिनको कोई दक्षिणपन्थी, गाँधीवादी या वामपन्थी अपनी हथेलियों पर थोड़ी देर रखकर महसूस भी नहीं कर सकता--हथेलियाँ जल जायेंगी, छाले पड़ जायेंगे। 'सुनो कामरेड' कविता 'संवाद' की शक्ल में ऐसे ही सवालों को उठाती है।

यह एक बहुत ही महत्त्वपूर्ण ऐतिहासिक उपलब्धि है कि 'संवाद शैली' में लिखी गयी प्रो. कालीचरण स्नेही की कविताएँ उस समाज का 'संवाद' प्रस्तुत करती हैं, जिसको आज तक संवाद या बातचीत के योग्य ही नहीं समझा गया और उस समाज से संवाद स्थापित करती हैं जो तथाकथित अपने को सभ्य कहता है, पढ़ा–लिखा समझता है। अब देखना यह है कि पढ़ा–लिखा दक्षिणपन्थी और वामपन्थी वर्ग इन सवालों का जवाब कैसे देता है?

इधर दलित साहित्य पर 'संवाद' के नाम से चारों ओर से हमला हो रहा है। बाहरी और भीतरी तौर पर इसको घेरने की कोशिशें चल रही हैं। दक्षिणपन्थी चोटीधारी द्विज विचारकों ने तो यहाँ तक कह दिया है कि ''अब साहित्य को भी 'दलित'

होने की स्थिति सहनी पड़ेगी'' (श्री अम्बा प्रसाद श्रीवास्तव, 'साहित्य अमृत', फरवरी 2003), मार्क्सवादी चिन्तकों ने, जिन्हें डॉ. अम्बेडकर ने भयानक अन्तर्विरोध से लैश 'बंच ऑफ ब्राह्मण ब्वाइज' कहा था, सम्पूर्ण दलित आन्दोलन को 'हाईजैक' करने में कोई कसर नहीं छोड़ी। राजेन्द्र यादव ने तो यहाँ तक कह दिया कि ''मार्क्सवाद से अलग दलित मूवमेंट की ज़रूरत नहीं है'', बिहार में दलित मूवमेंट पर एक सवाल के जवाब में 'हंस' के सम्पादक राजेन्द्र यादव ने वक्तव्य दिया, ''अलग से दलित मूवमेंट की ज़रूरत वहाँ है, जहाँ उनकी बात सुनी नहीं जाती या उन्हें नहीं लगता कि स्थितियों को बदलने में हमारी अपनी कोई भूमिका है।'' दलित मूवमेंट की ज़रूरत कहाँ है और कहाँ नहीं है, इसके लिए अब राजेन्द्र यादव से पूछना पड़ेगा? राजेन्द्र यादव से किसी तरह 'दलित साहित्य' बचता है तो नामवर सिंह उसे घेर लेते हैं और तब तक उसे बहलाते–फुसलाते हैं, जब तक कि वह उनके इशारों पर नाचता रहे। लेकिन जब दलितों के खुद के नेतृत्व के कारण 'दलित साहित्य' ने कम्युनिस्टों के इशारों पर नाचना बन्द कर दिया तो डॉ. नामवर सिंह को लगा कि यह साहित्य में आरक्षण की माँग है और उन्होंने एक मठाधीश की तरह घोषणा कर दी ''साहित्य में आरक्षण नहीं चलता।'' चलिए इसी बहाने यह तो तय हो गया कि डॉ. नामवर जी 'आरक्षण' विरोधी हैं। जो काम बड़े मठाधीश नहीं कर पाते, वो काम अपने 'चाणक्य गुरु' के इशारे पर नये–नये 'चन्द्रगुप्त' करते हैं। कम्युनिस्टों ने भी कई नव–चन्द्रगुप्तों का निर्माण किया है, जो समय–समय पर दलित साहित्य और दलित मूवमेंट को भ्रमित करते रहते हैं, इसमें एक नाम रत्न कुमार साँभरिया का है, जिसने बाकायदा राजेन्द्र यादव के 'हंस' में एक लेख लिखा जिसका शीर्षक है–''मैं दलित साहित्य का विरोधी हूँ'', इस लेख में उन्होंने यह स्थापित करने का प्रयास किया है कि ''दलित साहित्य में स्वानुभूति का विधेयक साहित्य में जातीय आरक्षण

सुनिश्चित करने के बरअक्स लाया गया है और यह विधेयक अलगाव की नयी राजनीति को जन्म दे रहा है।''

मतलब साफ़ है, 'साहित्य' और 'राजनीति' दोनों में जबसे दलित नेतृत्व उभरकर सामने आया है, तभी से खलबली मची हुई है, तथाकथित विद्वानों को यह बात हज़म नहीं हो पा रही है। पचाने को तो ये बहुत कुछ पचा जाते हैं, 'मनोविज्ञान' या 'मानव की सहज कमज़ोरियों' के नाम पर लेकिन दलित नेतृत्व का मुद्दा अपच हो जाता है। दक्षिणपन्थी से लेकर वामपन्थी तक सभी का हाज़मा ख़राब हो जाता है और 'वैचारिक उल्टी–दस्त' शुरू हो जाते हैं, इसीलिए उन्हें 'दलित साहित्य', कभी 'साहित्य में आरक्षण' नज़र आने लगता है, तो कभी अलगाव की राजनीति। 'दृष्टिदोष' और 'वैचारिक उल्टी–दस्त' का यह रोग पहले तो राजेन्द्र यादव, डॉ. नामवर सिंह, रमणिका गुप्ता सरीखे दिग्गज मठाधीशों को लगा। अब साहित्यिक चाणक्यों द्वारा उत्पन्न किये गये कई नव–चन्द्रगुप्त भी इसकी चपेट में आ गये हैं–जिसके कारण वे समय–समय पर बेहूदा सवाल करते रहते हैं। इस मौजूं पर दुष्यन्त कुमार की ये पंक्तियाँ बहुत वाज़िब जान पड़ती हैं–

जाने किस–किसका ख़याल आया है,
इस समन्दर में उबाल आया है।
हमने सोचा था जवाब आयेगा,
एक बेहूदा सवाल आया है।

अब यह बेहद ज़रूरी हो गया है कि अपने अन्तर्विरोधों से ग्रस्त इन यान्त्रिक मार्क्सवादियों के 'दृष्टिकोण' और 'वैचारिक उल्टी–दस्त' का सही समय पर इलाज कर दिया जाय, इसके लिए ज़रूरी है–सार्थक 'संवाद'। यही सार्थक संवाद प्रो. कालीचरण स्नेही ने अपनी कविताओं के माध्यम से स्थापित किया है।

सतर्क और सोद्देश्य 'संवाद', बड़े ही कौशल के साथ बहुत बड़े जनसमुदाय को तत्काल प्रभावित करने की शक्ति रखता है।

'संवादों' का प्रयोग ऐसे सुचिन्तित वैचारिक निष्कर्षों के सन्दर्भ में किया जाता है, जो दूसरे लोगों या समाजों को उस निष्कर्ष के अनुसार सोचने, काम करने और व्यवहार करने के लिए मानसिक दृष्टि से निर्भर बना देता है। 'सुनो कामरेड' कविता के माध्यम से प्रो. स्नेही ने भारतीय मार्क्सवाद के समक्ष जो प्रश्न उठाये हैं, जो संवाद किया है, वह सही मायने में छद्म कम्युनिस्टों को सोचने पर विवश कर देगा। कम्युनिस्टों की मान्यता है कि वर्ग–संघर्ष के बिना सामाजिक परिवर्तन असम्भव है, जबकि प्रो. स्नेही की दरकार है कि वर्ग–संघर्ष के बिना 'सामाजिक परिवर्तन' हो और यही उनके 'संवाद की शर्त' भी है। 'संवाद की शर्त' को कम्यूनिस्ट किस रूप में लेते हैं, यह तो आने वाला वक़्त ही बतायेगा लेकिन यह तो तय है कि कम्युनिस्टों को अपने भीतर झाँकने और अपने को सुधारने के लिए विवश होना ही पड़ेगा। कवि दुष्यन्त कुमार की ये पंक्तियाँ इस प्रसंग में बेहद सटीक लगती हैं–

वे मुतमइन हैं कि पत्थर पिघल नहीं सकता,
मैं बेकरार हूँ आवाज़ में असर के लिए।

एक महान साहित्यकार होने के लिए 'साहित्यिक कृतियों' और व्यक्तिगत जीवन में एकरूपता होना आवश्यक है। यह अलग बात है कि भारत के मार्क्सवादी इस बात का विरोध करेंगे, लेकिन भारत में मार्क्सवाद की असफलता के पीछे सबसे बड़ा तर्क भी यही है कि उनकी साहित्यिक कृतियों और व्यक्तिगत जीवन में कभी एकरूपता नहीं रही। रमणिका गुप्ता की मान्यता है कि "साहित्यिक कृतियों को 'व्यक्तिगत चरित्र' से जोड़कर देखना युक्तिसंगत नहीं है।" अब यह प्रश्न उठाना जायज़ है कि ये तथाकथित रचनाकार अपने 'रचना कर्म' और व्यक्तिगत जीवन में अन्तर बनाकर क्यों चलना चाहते हैं? क्योंकि इनके आचरण में दोहरापन है, प्रो. स्नेही ने इनके आचरण पर उँगली उठाते हुए इसीलिए सचेत किया है–

सुनो कामरेड
सावधान होकर मेरी बात सुनो–
आचरण में दोगलापन है तुम्हारे
तुम बाहर–बाहर मज़दूरों के
हिमायती बनते हो,
सभा सोसायटी में ज्वार बनकर उफनते हो
भीतर–भीतर राम नाम रटते हो
दुर्गापूजा में महीना भर खटते हो।

('सुनो कामरेड')

यदि 'कामरेड' बने हुए इन बहुरूपिया मार्क्सवादियों के आचरण में दोहरापन नहीं होता तो आज बंगाल और केरल में जो कि कम्युनिस्टों का गढ़ कहा जाता है, वहाँ पण्डे–पुजारियों की इतनी भरमार न होती, यही वजह है कि प्रो. स्नेही को लिखना पड़ा–

बंगाल और केरल में पण्डों–पुजारियों की
भरमार है–
कम्युनिस्टों की यह सबसे बड़ी हार है।

('सुनो कामरेड')

सूर्यकान्त त्रिपाठी 'निराला' को आधुनिक हिन्दी कविता का 'आदि पुरुष' कहा जाता है, हिन्दी के तमाम प्रगतिशील मार्क्सवादी कवियों ने निराला को 'प्रेरणास्रोत' माना है। रामविलास शर्मा, शमशेर बहादुर सिंह, बोधिसत्व आदि सभी निराला से प्रभावित हैं। निराला के साहित्य को बहुत नज़दीक से देखने पर लगता है कि उनके काव्य की बुनियाद हिन्दू धर्म के पौराणिक मिथकों पर आधारित है। ऐसा उनके हिन्दू संस्कारी स्वभाव के कारण ही है। 'राम की शक्ति पूजा' में तो ब्राहमणी कर्मकाण्डों का ब्योरेवार वर्णन है, 'भारत वन्दना' और 'सरोज स्मृति' में जगह–जगह हिन्दू मिथकों की भरमार है। रामकृष्ण परमहंस तथा स्वामी विवेकानन्द में अटूट आस्था के कारण वे वेदान्त से प्रभावित थे।

अस्पृश्यता का विरोध इन कवियों ने भले ही किया हो लेकिन हिन्दू धर्म के मेरुदण्ड 'वर्ण व्यवस्था' के ख़िलाफ़ एक शब्द भी निराला या स्वामी रामकृष्ण परमहंस के मुख से नहीं निकला। निराला, रामविलास शर्मा, शमशेर बहादुर सिंह सभी की कमज़ोरी यही है कि वे एक साथ हिन्दू, प्रगतिशील, धर्मनिरपेक्ष और कर्मकाण्डी बने रहना चाहते हैं और यही गुण उनके उत्तराधिकारियों ने भी ग्रहण किया है, तभी तो प्रो. स्नेही कहते हैं–

'लाल सलाम' और 'लाल किताब'
याद है तुमको
लेकिन तुम लाल कपड़े में बँधी
रामायण और गीता भी नहीं भूल पाये हो
हर साल देवी जागरण में भी रतजगा करते आये हो
छककर खिचड़ी--भोग खाये हो
भारत में अनोखा साम्यवाद लाये हो।

('सुनो कामरेड')

'अनोखा साम्यवाद', शब्द का प्रयोग प्रो. स्नेही ने जानबूझकर किया है, लेकिन भारत का साम्यवाद किन अर्थों में अनोखा है? डॉ. अम्बेडकर की नज़र में साम्यवादी का मतलब 'शब्द का भयानक अन्तर्विरोध'। यह शब्द अपने आप में अस्पष्ट है इसीलिए अनोखा है, ऐसा लगता है कि भारतीय कम्युनिस्टों का सामाजिक–सांस्कृतिक आधार 'हिन्दुत्ववादी' ही है। यही कारण है कि निराला, रामविलास शर्मा से लेकर डॉ. नामवर सिंह और त्रिलोचन शास्त्री तक सभी प्रगतिशील मार्क्सवादी लेखकों के प्रिय कवि 'तुलसीदास' ही हैं, तुलसी इनकी नज़र में विश्व के महानतम कवि हैं और उनका 'रामचरितमानस' जो मनुस्मृति की याद ताज़ा करवाता रहता है। वह विश्व की सर्वश्रेष्ठ कृति है। तुलसी ही इनके प्रेरणा स्रोत हैं। ऐसे में इन प्रगतिशील–तुलसीवादी–रामचरितमानसवादी मार्क्सवादियों का सोशल कल्चरल स्टैंड क्या है? कहाँ जा रहे हैं ये दुविधा के

शिकार बुद्धिजीवी, क्या इनके आगे का सारा रास्ता बन्द हो चुका है? क्या है इनके पास समाज को कुछ नया देने के लिए? रह–रहकर इनके अन्दर बैठा जातिवादी वजूद हिलोरें मारने लगता है, मार्क्सवाद न जाने कहाँ हवा हो जाता है–

'तुलसी जयन्ती' पर
तुम और तुम्हारे आका ही छाये रहे
दो दिन तक भक्ति रस में नहाये रहे
तुम्हारे ही श्रीमुख से सुना है–
तुलसी की रामचरितमानस
विश्व की श्रेष्ठतम रचना है
उस समय तुम्हारे दिमाग़ से
मार्क्सवाद हवा हो गया था।
द्वन्द्वात्मक भौतिकवाद स्मृति से खो गया था
लुट गयी थी ताउम्र जोड़ी हुई 'पूँजी'
लूटने वाला कोई और नहीं
तेरे अन्दर बैठा तेरा ही जातिवादी वजूद था
तू यहाँ अपनी जाति में ही मौजूद था।

('सुनो कामरेड')

जातिवादी वजूद, भारतीय मार्क्सवादियों पर इतना हावी है कि वे चिन्तन के किसी धरातल पर पहुँच जायें, जाति का पुछल्ला ओढ़े रहते हैं। कहने को कह देंगे हम जाति–पाँति नहीं मानते, लेकिन रोटी–बेटी का सम्बन्ध सजातियों में ही ढूँढ़ते हैं। डॉ. नामवर सिंह ने 'सिंह' का, डॉ. मैनेजर पाण्डेय ने 'पाण्डेय' का, डॉ. परमानन्द श्रीवास्तव ने 'श्रीवास्तव' का और डॉ. देवेन्द्र चौबे ने चौबे का पुछल्ला नहीं छोड़ा है, तभी तो प्रो. स्नेही की चिन्ता जायज़ है–

पाण्डे–दुबे–चौबे, नम्बूदरी सिंह–श्रीवास्तव
ये सब मार्क्स या लेनिन के पर्यायवाची नहीं हैं
बाह्मन–ठाकुर और कायस्थ के समानार्थी हैं

हमारे 'बाबा साहब' ने कहा था–
इस देश में कोई सच्चा कम्युनिस्ट
हो ही नहीं सकता है।
यहाँ सब अपनी–अपनी जाति का
खोल ओढ़े हुए हैं
वेद से सम्बन्ध जोड़े हुए हैं
वेद के विरोधी बहुत थोड़े हुए हैं।

('सुनो कामरेड')

जब मार्क्सवादी विद्वानों का यह हाल है, तो इनके रिश्तेदारों का क्या हाल होगा? प्रो. स्नेही ने उनका भी सजीव चित्र खींचा है। ज़रा देखें तो प्रगतिशील बुद्धिजीवियों के कुटुम्बी जन क्या गुल खिलाते हैं–

मैंने देख लिया है पिछली साल
तुम्हारी बेटी की शादी में पण्डित को
भाँवर पढ़ते हुए।

× × ×

संगम तट पर तुम्हारे ही कुटुम्बी
जजमानों को पटाते हुए दिख गये
तुम्हारे ही पूर्वज 'हनुमान चालीसा' लिख गये
तुम्हारे साढ़ू की दुकान पर रखे हुए
'कल्याण' के सारे अंक बिक गये
तुम्हारे बेटे की ससुराल में
बनारस के पण्डे टिक गये

× × ×

तुम्हारे दादा की मृत्यु पर
राम नाम सत्य है–
का नारा बुलन्द कर रहा था
तुम्हारा ही ताऊ

× × ×

तेरहवीं पर पण्डितों ने
छक कर मालपुए खाये थे
इलाके के सारे बाम्हन तेरहवीं में आये थे।

('सुनो कामरेड')

प्रो. स्नेही ने 'कामरेड' के समक्ष शर्त रखी है कि पहले तो अपने आचरण में सुधार लाओ, फिर अपने नाते–रिश्तेदारों को सुधारो और उसके बाद इन शर्तों पर अमल करो–

अगर तुम इस देश में
सचमुच में ही साम्यवाद लाना चाहते हो
तो जहाँ–जहाँ तुम्हारी सरकार है
वहाँ–वहाँ मुख्यमन्त्री का पद
किसी धोबी–धानुक, पासी या चमार के हवाले कर दो।

× × ×

भागो, दूर भागो
हमारा पीछा छोड़ दो
या फिर मुफलिसों–मजदूरों से
रोटी–बेटी का रिश्ता जोड़ दो
जाति का घेरा तोड़ दो।

× × ×

बोलो कामरेड
सच–सच बोलो
क्या अपनों पर प्रहार करोगे?
'वर्ण व्यवस्था' का संहार करोगे?

प्रो. स्नेही की शर्त कठोर है, जिनके आचरण में दोहरापन है। क्या वे इन शर्तों का सामना कर पायेंगे? खैर प्रो. स्नेही ने सोच–समझकर निर्णय लेने के लिए 'स्पेस' दिया है और उनका विश्वास है कि निर्णय भी 'हाँ' में होना चाहिए। इतनी कठोर शर्त,

आदमी बनने की शर्त पर कौन हामी भरेगा? 'मुक्तिबोध' जैसा कठिन समय का कठिन कवि भी इन शर्तों के आगे हार मान जाता है तो और लोगों की बात ही क्या? फिर भी प्रो. स्नेही एक सच्चे मित्र और सलाहकार होने के नाते 'कामरेड' को प्रोत्साहित करते हुए कहते हैं–

मेहनत की आग में तपो
मुक्तिबोध की तरह हार मत मानो
आओ हिम्मत और होशियारी से काम लो
हमारे साथ तुम भी 'बाबा साहेब' का नाम लो
इन्सानियत का दामन थाम लो

('सुनो कामरेड')

कहा जाता है कि मुक्तिबोध की कविता अपने समय का जीवित इतिहास है। हिन्दी के प्रसिद्ध आलोचक अशोक वाजपेयी ने मुक्तिबोध को 'महानायकों के उत्थान–पतन के युग में पराजित न होने वाला, हिम्मत न हारने वाला, दुनिया को बेहतर बनाने की इच्छा रखने वाला और लगातार संघर्ष करने वाला प्रतिनायक' माना है। प्रश्न उठता है कि जिस मुक्तिबोध को अशोक वाजपेयी 'पराजित न होने वाला', 'दुनिया को बेहतर बनाने की इच्छा रखने वाला' योद्धा घोषित करते हैं, वही 'मुक्तिबोध' एक 'मेहतर' के सामने पराजित होकर यह घोषणा करते हैं–

'इसलिए कि जो है उससे बेहतर चाहिए
पूरी दुनिया साफ़ करने के लिए मेहतर चाहिए
वह मेहतर मैं हो नहीं सकता।'

(चाँद का मुँह टेढ़ा है, पृ. 121)

प्रो. स्नेही जैसे अन्तर्राष्ट्रीय ख्याति प्राप्त दलित चिन्तक ने इस कठिन समय के कठिन कवि की कठिनाई को पकड़ लिया, कमज़ोरी सामने आ गयी और अशोक वाजपेयी का स्वघोषित अपराजेय योद्धा प्रो. स्नेही के सामने पराजित नज़र आने लगा। आख़िर वह कौन–सी कमज़ोरी थी, जिसको प्रो. स्नेही ने पकड़ लिया–

'देश दुनिया की सफ़ाई के लिए
मेहतर चाहते थे मुक्तिबोध
पर ख़ुद नहीं बनना चाहते थे– 'मेहतर'
क्योंकि वे जन्म से ही
गजानन–माधव बने थे।'

('अश्वमेध का घोड़ा')

'मेहतर' बनने की शर्त कठोर है, कौन चलेगा इन कठोर शर्तों पर? 'मुक्तिबोध' से 'मेहतर' बनना–'व्यक्तित्वान्तरण' की प्रक्रिया अत्यन्त जटिल है और पीड़ादायक भी। शायद यही कारण है कि वे घोषणा करते हैं–

विवेक चलाता तीखा सा रंदा
चल रहा वसूला
छीले जा रहा मेरा यह निजत्व कोई।

('मुक्तिबोध')

मेहतर बनने की कल्पना करते ही मुक्तिबोध को ऐसा लगता है कि कोई उनके व्यक्तित्व पर तीखे रंदे और वसूले से प्रहार कर रहा है। यह उनकी आत्मस्वीकृति भी है। प्रो. स्नेही ने 'मुक्तिबोध' के इन मनोभावों को पकड़ा और उसे अपनी कविता का विषय बनाया–

भला कोई 'माधव' होकर
क्यों होना चाहेगा मेहतर
कौन चाहेगा दूसरों का मल अपने
सिर पर ढोया जाये
अलबत्ता बेहतर सफ़ाई की माँग
ज़रूर करेगा
जिसके लिए 'माधव' के पूर्वज
इस देश में पहले से ही
मेहतरों की जमात खड़ी कर गये।

('अश्वमेध का घोड़ा')

'मुक्तिबोध' ने तो मेहतर होने से तौबा कर लिया। 'निराला' संस्कारी हिन्दू वेदान्ती होने के कारण 'वर्ण' से संघर्ष न मोल लेते हुए कन्नी काट गये, हाँ इतना ज़रूर लिखा कि–

वह तोड़ती पत्थर
देखा मैंने उसे
इलाहाबाद के पथ पर।

निराला हमदर्दी के भाव से उसे पत्थर तोड़ते हुए देखते हैं, वे यह भी जानते हैं कि 'वह' अपना पत्थर ख़ुद तोड़ेगी, 'वह' भी यह जानती है कि 'निराला' के पास सिर्फ़ हमदर्दी है, वे ख़ुद बढ़कर पत्थर तोड़ने नहीं आयेंगे। तो फिर ऐसी दया दृष्टि से क्या लाभ? नहीं चाहिए ऐसी हमदर्दी। जिनके प्राण तुलसी के 'मानस' में बसते हों वह दलितों और स्त्रियों को किस दृष्टि से देखेगा। यह दलितों को पता है। अब ऐसे लोग यदि यह दावा करते हैं कि 'वे भी दलित साहित्य लिखेंगे' तो इसे क्या कहा जाय? कहीं यह आचरण में दोहरापन का हिस्सा तो नहीं? प्रो. स्नेही ने इसे बख़ूबी पहचाना है–

झूठ यह भी अब चल पड़ा कि
वे 'दलित साहित्य' लिखेंगे
लिखते रहे हैं जो अब तक 'गीता' और 'रामायण' पर भाष्य
वही अब 'दलित साहित्य' में भास्वर होंगे
बजरंग–बिहारियों ने यह ठेका ले रखा है
कितना बड़ा झूठा आश्वासन दे रखा है।

('एक अदद आदमी')

प्रो. स्नेही कृत 'आरक्षण अपना–अपना' 2007, 'सुनो कामरेड' 2009, 'एवरेस्ट', 2013 के पहले 1996 में मलखान सिंह की 'सुनो ब्राह्मण' और 'कंवल भारती' की 'तब तुम्हारी निष्ठा क्या होती?' आदि चर्चित काव्य संग्रह आ चुके हैं, जिनमें वर्ण व्यवस्था के पोषक ब्राह्मणों से 'संवाद' किया गया है, लेकिन समय के साथ ये 'संवाद' भी थोड़े पुराने मालूम पड़ते हैं, साथ ही इन संवादों में

'प्रश्न' उठाकर छोड़ दिया गया है, उनका उत्तर कैसा होगा? या दलित 'संवाद' की शर्तें क्या होंगी, इसका स्पष्ट उल्लेख नहीं है, जबकि प्रो. स्नेही ने अपनी कविताओं के माध्यम से 'ब्राह्मणों' के साथ कम्युनिस्टों से भी 'संवाद' बनाया है, ये सभी 'संवाद' 'सुनो ब्राह्मण' और 'तब तुम्हारी निष्ठा क्या होती' के आगे के संवाद हैं, यह संवाद जहाँ समाप्त होता है, प्रो. स्नेही की कविताओं का संवाद वहीं से शुरू होता है, ये 'संवाद' इसलिए महत्त्वपूर्ण हैं कि इनकी 'अपनी शर्तें' हैं और 'अपनी शर्तों' पर ब्राह्मणों के साथ कम्युनिस्टों को भी सही राह पर लाने की कोशिश की गयी है। सही मायने में प्रो. स्नेही द्वारा किया गया 'संवाद' अपने समय से आगे का 'संवाद' है, जिनके जवाब ढूँढ़ने में दक्षिणपन्थियों से लेकर वामपन्थियों तक को अभी वर्षों समय लग सकता है। इस 'संवाद' की शर्तें इतनी कठोर हैं कि सुनने वाला वह व्यक्ति, जिसके आचरण में दोहरापन है, वह या तो मुँह बिराकर चला जायेगा या अपने स्वाभाविक दृष्टिकोण के कारण उसका हाज़मा ख़राब हो जायेगा, 'वैचारिक उल्टी–दस्त' शुरू हो जायेगी और बेहूदा सवाल करने से बाज नहीं आयेगा।

प्रो. स्नेही की कविताएँ किन अर्थों में मलखान सिंह के 'सुनो ब्राह्मण' से आगे का 'संवाद' है, यह जानना बहुत ज़रूरी है। मलखान सिंह की एक दारुण कविता है–

मैं आदमी नहीं हूँ स्साब
जानवर हूँ
दो पाया जानवर
जिसकी पीठ नंगी है।

× × ×

आँख में भय
मुँह में लगाम
गर्दन में रस्सा है
जिसे हम तोड़ते हैं तो

मुँह फटता है और
बँधे रहने पर
दम घुटता है।

('मैं आदमी नहीं हूँ')

इस कविता में उस आदमी का ज़िक्र है, जो व्यवस्था द्वारा इतना सताया गया है कि अपने 'आदमी होने के अहसास' को ही भूल गया है। ब्राह्मणवादी व्यवस्था में एक दलित को अमानवीकृत 'डिह्यूमनाइज़' करके जानवर बना देने की परिपाटी है। जिसका चित्रण मलखान सिंह ने किया है, इस कविता में दया की माँग है, दीनता और दुर्बलता की पराकाष्ठा है, आँखों में भय है। मुँह में लगाम है, दमघोटूं माहौल है। ऐसे में इससे आगे बढ़कर क्या सोचा जा सकता है? मलखान सिंह की यह कविता जहाँ समाप्त हो रही है, वहीं से प्रो. स्नेही की कविता की शुरुआत हो रही है–

इस देश में
आदमी के रूप में पैदा हुए थे तुम भी
और हम भी
पर तुम आदमी से देवता बन गये
और हमें आदमी से जानवर बना दिया
तुम्हारी व्यवस्था ने
दो पाये का जानवर।

('दो पाये का जानवर')

प्रो. स्नेही ने स्पष्ट रूप से 'वर्णवादी व्यवस्था' को दोषी ठहराते हुए आत्मस्वाभिमान के साथ यह घोषणा कर दी है कि अब हमें ज़्यादा दिनों तक इस अवस्था में नहीं रखा जा सकता–

अब हमारी कोशिश है
आदमी बनाऊँ तुम्हें भी
और आदमी बनूँ ख़ुद भी।

('दो पाये का जानवर')

मलखान सिंह के यहाँ जो निरीहता है, वह प्रो. स्नेही के यहाँ आत्मस्वाभिमान मिश्रित ज़िद में बदल गयी है–

प्रेम का ढाई 'आखर' पढ़ा हूँ
आदमी बनने की ज़िद पर अड़ा हूँ।

('कंचनजंघा')

प्रो. स्नेही को मात्र इतने से ही सन्तोष नहीं है, वे धुन के पक्के हैं वह जो ठान लेते हैं, कर गुज़रते हैं, इसीलिए तो वे घोषणा करते हैं–

भूदेव बनकर भी
नहीं रह पाओगे
अब किसी भी हिस्से पर
नहीं चलेगा अब यह देश
गीता पुराण के क़िस्से पर।

('दो पाये का जानवर')

प्रो. स्नेही को आलोचक हरपाल सिंह अरुष ने 'दलित साहित्य में बोल्डनेस का पक्षधर' बताया है। यह 'बोल्डनेस' उनकी कविताओं और उनके व्यक्तित्व में बख़ूबी दिखाई देती है, तभी तो जिस आदमखोर गाँव में 'मलखान सिंह' को डर लगता है, बहुत डर लगता है, उसी गाँव में प्रो. स्नेही चुनाव के मौसम में बेधड़क पहुँच जाते हैं, गाँव की ख़बर लेने के लिए, गाँव के ज़मींदार के ख़िलाफ़ पर्चा भरने के लिए–

चलो चलें
चुनाव का मौसम है
गाँव की ख़बर लें
जो बेख़बर है
उन्हें ख़बरदार करना है
गाँव के ज़मींदार के ख़िलाफ़
पर्चा भरना है
जो भरने नहीं देता है

हैण्डपम्प से अब भी पानी
उसका चुनाव में पानी उतारना है
हिम्मत नहीं हारना है
हार गये हिम्मत तो
रह नहीं पाओगे गाँव में
फ़ैसला करना है
अबकी चुनाव में।

('फ़ैसला : प्रो. स्नेही')

जबकि मलखान सिंह जी की कविता में 'डर' की प्रमुखता है। उदाहरण देखें–

यक़ीन मानिए
इस आदमखोर गाँव में
मुझे डर लगता है।
बहुत डर लगता है।

लगता है कि अभी बस अभी
ठकुराई मेंड चीखेगी
मैं अधशौच ही
खेत से उठ जाऊँगा
कि अभी बस अभी
हवेली घुड़केगी
मैं बेगार में पकड़ा जाऊँगा।

('एक पूरी उम्र : मलखान सिंह')

प्रो. कालीचरण 'स्नेही' द्वारा सृजित कविताओं की बुनियाद में वह ऐतिहासिक बेचैनी और स्वाभिमान के लिए संग्राम मौजूद है, जो व्यवस्था से टकराते हुए, वे अपने भीतर और बाहर महसूस करते हैं। 'समाज और साहित्य की सत्ता' के गलियारों से परम्परागत ठेकेदारों द्वारा जो 'फ़तवे' जारी होते हैं, वह जनमानस पर ज़बरन थोपने की गरज से ही और उसी के

पोषण हेतु वैचारिक–साहित्यिक प्रवृत्तियों का जन्म होता है, वे या तो व्यवस्थावादी साहित्य रचते हैं या तो एकदम 'यूटोपिया'। व्यावहारिक जगत की यथार्थवादी सोच, दीन–दलित–मज़लूमों की दुनिया से इनका कोई नाता नहीं है, इनका नाता सिर्फ़ साहित्य की राजनीति से है, साहित्य की राजनीति में उत्पन्न हुए नेतृत्व के संकट ने बड़े–बड़े आलोचकों की वैचारिक प्रतिभा को दिशाहीन बना दिया है। कोई हमसे बड़ा आलोचक न हो जाय इसके लिए शतरंज के खिलाड़ी की तरह मोहरे बैठाने और पत्ते लगाने का काम भी जारी है, 'साहित्य–नियन्ता' आपस में बैठकर यह तय कर लेते हैं कि अबकी बार किसका 'राज्याभिषेक' करना है और किसको गद्दी से उतारना है। साहित्य का इतिहास इस बात का गवाह है कि रामचन्द्र शुक्ल जैसे साहित्य–नियन्ता ने कबीर को गद्दी से उतारने के लिए कैसे–कैसे मोहरे बैठाये और तुलसीदास को गद्दी पर बैठाने के लिए क्या–क्या षड्यन्त्र रचे? प्रो. स्नेही के भीतर की 'ऐतिहासिक बेचैनी' का कारण भी यही 'मठाधीशी' है, इसी को तोड़ने के लिए वे 'बीहड़ संग्राम' लड़ते हैं।

मठाधीशी या तानाशाही का क्या विकल्प है? प्रो. स्नेही के पास इसका जवाब है–लोकतन्त्र। साहित्यिक मठाधीशी तभी समाप्त होगी जब 'साहित्य में लोकतन्त्र' आयेगा। 'दलित साहित्य बनाम ललित साहित्य' की मौलिक अवधारणा देने के बाद उनकी दूसरी मुख्य अवधारणा है– 'कविता में लोकतन्त्र', यही कारण है कि वे 'साहित्यिक मठाधीशों' को बेनकाब करते हुए लिखते हैं–

साहित्य में अभी शास्त्र और शास्त्रियों का
बोलबाला है
अभी यहाँ बहुत गड़बड़ घोटाला है
साहित्य में अभी लोकतन्त्र आना शेष है
साहित्य में भी तो एक पूरा महादेश है।

....

साहित्यिक मठाधीश
कभी नहीं सुनते जनता की आवाज़
भूखे पेट–अधनंगे नौजवानों को
भक्ति रस पिलाया जा रहा है
श्रृंगार के नाम पर अश्लीलता का मादक ज़हर
खिलाया जा रहा है।
सैकड़ों सालों से छाती पर मूँग दली जा रही है
सौन्दर्य शास्त्र के नाम पर
छन्द रचे जाते रहे, औरत के चाम पर
महफिलें सजती रहीं, मधुशाला के जाम पर
देश को गुमराह किया गया हर मुकाम पर।

('कविता में लोकतन्त्र')

प्रो. स्नेही, प्रश्न करते हैं–"क्या साहित्य में लोकतन्त्र की पक्षधरता इन ब्राह्मण साहित्येतिहासकारों ने अपने एजेंडे में शामिल की?" प्रो. स्नेही के इस प्रश्न का किसी के पास जवाब नहीं, इसीलिए हिन्दी साहित्य की मुख्य धारा के इस महाकवि प्रो. स्नेही ने अपने साहित्यिक ऐजेंडे में 'कविता में लोकतन्त्र' को लाने की आवश्यकता बड़ी शिद्दत से महसूस की है। अब दलित–साहित्य और स्त्री–साहित्य सर्जकों से संवाद करते हुए कहते हैं–

ज़रूरी हो गया है एक लोकतन्त्रात्मक देश में
सभी हल्कों में बदलाव लाया जाय
साहित्य की दुनिया में 'आम आदमी' को
लाया जाय
पण्डित–पुजारियों को लोकतन्त्र का मतलब
बतलाया जाये
भगवान को साहित्य से दूर
बहुत दूर भगाया जाय

....

दलित साहित्यकारों
और
स्त्रियों ने साहित्य में लोकतन्त्र कायम करने की
बुनियाद धर दी है
इस मुहिम ने मठाधीशों की नींद हराम कर दी है।

प्रो. स्नेही की उद्घोषणा है–

किसी क्रान्ति से कम नहीं है
कविता में लोकतन्त्र आना,

('कविता का लोकतन्त्र')

मुक्तिबोध की चिन्ता है–

यह सब क्या है?
किसी जनक्रान्ति के दमन निमित्त यह
मार्शल लॉ है!

('अँधेरे में')

हमारे सामने चुनौती है 'कविता में लोकतन्त्र' लाने की भी और 'मार्शल लॉ' से निपटने की भी। लेकिन यह सब कैसे होगा। मुक्तिबोध कहते हैं, इसका तू शोध कर, इसका तू भाष्य कर...अब न समय है, जूझना ही तय है....

अब अभिव्यक्ति के सारे ख़तरे उठाने ही होंगे
तोड़ने ही होंगे मठ और गढ़ सब

('अँधेरे में')

इतनी हिम्मत और हौसला रखने के बाद भी 'मुक्तिबोध' जनक्रान्ति में दलितों का साथ नहीं दे पाये और 'मार्शल लॉ' के दमन चक्र को देखकर भाग निकले–

भागता मैं दम छोड़
घूम गया कई मोड़!!
बन्दूक धाँय–धाँय
मकानों के ऊपर प्रकाश सा छा गया गेरुआ।
भागता मैं दम छोड़

घूम गया कई मोड़
घूम गयी पृथ्वी, घूम गया आकाश
और फिर, किसी एक मुँदे हुए घर की
पत्थर, सीढ़ी दिख गयी, उस पार
चुपचाप बैठ गया सिर पकड़कर!!
दिमाग़ में चक्कर

('अँधेरे में')

यहाँ मुक्तिबोध द्वारा मैदान छोड़कर भागना कहीं 'पलायन' तो नहीं है? मकानों के ऊपर 'गोलियाँ चलने से' गेरुआ' धुआँ छा गया है। मुक्तिबोध मठाधीशों, शास्त्रीय आचार्यों, प्रकाण्ड आलोचकों से आतंकित हैं जो बन्दूक की नोक पर जनतन्त्र का हनन करना चाहते हैं। इन्हीं गेरुआधारी मठाधीशों के आतंक से आतंकित होकर मुक्तिबोध 'दम छोड़' कर धरती–आकाश एक करते हुए भाग रहे हैं और भागते–भागते 'चुपचाप सिर पकड़कर' बैठ जाते हैं, उनके दिमाग़ में 'चक्कर' आने लगता है।

लेकिन भारत की मुख्य धारा के साहित्यकार प्रो. स्नेही हार मानने वालों में से नहीं हैं वे बख़ूबी जानते हैं कि हमें अपने सामने के 'पत्थर' को स्वयं ही तोड़ना है, कोई दूसरा हमारी सहायता के लिए आने वाला नहीं है। सचेतक की भाँति सबको आगाह कर रहे हैं–

''स्वाभिमान और सम्मान हासिल करने में जो भी अवरोधी विरोधी तत्त्व हैं, उनको इस साहित्य में खुली चुनौती है, या कहें तो इसमें सीधी मुठभेड़ या भिड़न्त भी है। यह मुठभेड़, दलित साहित्य लेखन की सभी प्रवृत्तियों में महसूस की जा सकती है। रिरियाना या गिड़गिड़ाना 'दलित साहित्य' में अनुपस्थित है। दलित साहित्यकार लड़ाई के हर मोर्चे पर अपनी लेखनी और ख़ुद के अनुभव लेकर डटा हुआ है। उसे पता है कि उसका मुक़ाबला किससे है, उसे यह भी पता है कि उसे चुनौती कहाँ से मिल सकती है, उसे यह भी भली–भाँति ज्ञात है कि उसका

'शत्रु' किन किन रूपों में और कहाँ–कहाँ और कैसे घेर सकता है, या घेर रहा है।'' (सुनो कामरेड, लोकवाणी संस्थान, शाहदरा, दिल्ली, पृ. 14)

मुक्तिबोध जिस लड़ाई में 'सिर पकडकर' भाग खड़े होते हैं वहीं प्रो. स्नेही 'विरोधी तत्त्वों' से 'सीधी मुठभेड़ या भिडन्त' करते हैं, अपनी इस आशा और विश्वास के साथ कि–

'देख लेना एक दिन साहित्य में भी
आम आदमी की सत्ता कायम होकर के ही रहेगी
व्यवस्था परिवर्तन की सरिता हमारी ही लेखनी से बहेगी
दुनिया हमारे इस योगदान को हर चौराहे पर कहेगी
मठाधीशों की मठाधीशी जल्द ही ढहेगी।'

('कविता का लोकतन्त्र')

भारतीय लोकतन्त्र की अवधारणा तभी फले–फूलेगी जब सही मायने में 'सांस्कृतिक लोकतन्त्र' आयेगा, यह सांस्कृतिक लोकतन्त्र 'साहित्य' के माध्यम से ही सम्भव है। यह 'लोकतन्त्र' कोई और नहीं लायेगा, हिन्दी साहित्य की मुख्य धारा से जुड़े हुए चिन्तक, बुद्धिजीवी साहित्यकार ही इसको साकार करेंगे। चाहे सबसे पहले कविता आरम्भ करने की बात हो या सबसे पहले 'कविता में लोकतन्त्र' लाने की, इन सभी के सर्जक भारत की मुख्यधारा के साहित्यकार ही थे तभी तो प्रो. स्नेही को कहना पड़ा–

'सहानुभूति' में उपजी थी
इस देश की 'पहली कविता'
जिसको रचने वाला हमारा ही पूर्वज था
और अब 'स्वानुभूति' में
रची गयी इस देश की पहली कविता
उसको रचने वाले भी हम ही तो हैं।
हमारे ही बोधिसत्व बाबा साहेब

डॉ. अम्बेडकर ने रचा है जिस तरह से
इस देश का संविधान
जिसके कारण कायम हो सका है
भारत में लोकतन्त्र
इसी तरह हमारी रची हुई कविताएँ
ला रही हैं–साहित्य में लोकतन्त्र

('कविता का लोकतन्त्र')

प्रो. स्नेही अपनी अवधारणाओं को लेकर एकदम स्पष्ट हैं, वे किसी को मुग़ालते में नहीं रखना चाहते इसीलिए कहते हैं कि सहानुभूति की पहली कविता का सर्जक 'वाल्मीकि' से लेकर स्वानुभूति की पहली कविता (दलित साहित्य) तक सभी हमारी उपज हैं। इस देश में लोकतन्त्र की पहल भी हमारे ही बाबा साहेब ने की है, इसीलिए 'साहित्य में लोकतन्त्र' भी हम ही लायेंगे।

महान राजनीतिक इंजिनियर मान्यवर कांशीराम साहब ने भारतीय राजनीति में वह 'टर्निंग पॉइंट' उत्पन्न कर दिया, जिससे दलितों को यह भान हुआ कि उनकी नियति पिछलग्गू होने की नहीं है, वे चाहें तो स्वयं शासक बन सकते हैं। प्रजातन्त्र में एक वोट का बहुत महत्त्व होता है। वन मैन, वन वोट–वन वोट, वन वैल्यू। वैलेट की शक्ति बुलेट से ज़्यादा ताक़तवर होती है। मान्यवर कांशीराम साहब ने वोट की ताक़त को औजार की तरह इस्तेमाल करते हुए कहा कि–वोट हमारा राज तुम्हारा, नहीं चलेगा, नहीं चलेगा। मान्यवर कांशीराम के इसी सूत्र को आधार बनाकर प्रो. स्नेही कहते हैं–

'फ़ैसला करना है
अबकी चुनाव में।'

('फ़ैसला')

चुनाव में फ़ैसला हो जाने के कारण ही भारतीय गाँवों की भयावह तस्वीर कुछ बदलती नज़र आने लगी है। डॉ. अम्बेडकर ने गाँवों को भारतीय गणतन्त्र की अवधारणा का शत्रु माना था। उनके अनुसार भारतीय गाँव, हिन्दू व्यवस्था के साक्षात् कारखाने हैं, उनमें ब्राह्मणवाद, सामन्तवाद और पूँजीवाद की साक्षात् जीवन्त अवस्थाएँ देखी जा सकती हैं, ऐसे भारतीय गाँवों में चुनाव के कारण दलित जागृति और मूवमेंट के कारण व्यापक बदलाव आया है, फलस्वरूप जिन गाँवों को डॉ. अम्बेडकर, दलितों के शत्रु मानते हुए उन्हें मनुवाद की प्रयोगशाला स्वीकार करते थे, उन्हीं में से कुछ गाँव 'अम्बेडकर ग्राम' घोषित हो गये हैं–

पूरे गाँव को आराम है
हमारा ग्राम
'अम्बेडकर ग्राम है'

('अम्बेडकर ग्राम')

वे सब के सब गाँव
खुशहाल हुए
जिन्हें अम्बेडकर ग्राम का दर्जा मिल गया
ठाकुर की हवेली का वजूद हिल गया
गाँव का चेहरा खिल गया।

('परिवर्तन')

दलित–बहुजनों के लिए सत्ता–परिवर्तन कोई मामूली बात नहीं है, इसके लिए बहुतों को अपनी जान की क़ीमत चुकानी पड़ी है–

प्रधानी में खड़ा हुआ
एम.ए. तक का पढ़ा हुआ
मारा गया हरखुआ पिछले चुनाव में।

('भारत के गाँव')

'सत्ता परिवर्तन' और सत्ता पाने का सुख क्या होता है, यह 'अम्बेडकर गाँवों' में जाकर देखने की ज़रूरत है, गाँव से लेकर ब्लॉक तक, ब्लॉक से लेकर ज़िला तक और ज़िला से लेकर प्रदेश तक इस परिवर्तन की बहार को देखा जा सकता है–

अब जाके हुआ है
गाँव का प्रधान
उसी गाँव की सफ़ाई करने वाला 'बल्लू' वाल्मीकि
मण्डी का अध्यक्ष बना है–
अभी–अभी 'मिठुआ' धानुक
ब्लॉक प्रमुख पर 'पर्वत' धोबी आसीन है
पूरा ज़िला अब आर.डी.राम. के अधीन है।

('परिवर्तन')

प्रो. स्नेही अपने समय से आगे चलने वाले, समय को भाँपने वाले, विशुद्ध अम्बेडकरवादी चिन्तक एवं दलितों के मुखर प्रवक्ता हैं जो गोल–मोल लच्छेदार शब्दों का प्रयोग नहीं करते, साफ़–साफ़ और दो टूक शब्दों में घोषणा करते हैं–

मैं सुधार नहीं चाहता–
परिवर्तन चाहता हूँ
'सम्पूर्ण परिवर्तन'।

('एक अदद आदमी')

यह पूरा 'संवाद' भी 'सम्पूर्ण परिवर्तन' यानी व्यवस्था परिवर्तन के लिए ही किया गया है। इस सम्पूर्ण परिवर्तन के मार्ग में जो भी बाधक बनेगा, उसे उसका जवाब मिलेगा। इस परिवर्तन की लड़ाई में किसी भी प्रकार का अवरोध स्वीकार्य नहीं है–

हम नहीं चाहते
हमारे मार्ग में कोई रोड़ा बने
अश्वमेध का घोड़ा बने।

('अश्वमेध का घोड़ा')

गणतन्त्र ने जब–जब बाँहें फैलायीं, सामन्ती प्रवृत्ति के लोगों ने वहाँ अपनी टाँग अड़ा दी, 'अश्वमेध का घोड़ा' इसी 'ग़ैर–जनतान्त्रिक' शक्ति का प्रतीक है, जनतन्त्र को कुचलने का प्रयास हर युग में होता रहा है, लेकिन प्रो. स्नेही की स्पष्ट घोषणा है कि–"जनतान्त्रिक रास्ते पर चलते हुए सम्पूर्ण परिवर्तन के लिए अभियान में अब किसी भी प्रकार की सामन्ती शक्ति रोड़ा नहीं बन सकती है।"

इधर कुछ जनतन्त्र विरोधी, संविधान विरोधी, असामाजिक तत्त्वों ने 'आरक्षण' के विरोध में कुछ नारे गढ़े हैं, जैसे–"आरक्षण एक हथकंडा है, सवर्ण की पीठ पर डंडा है।" ऐसे संविधान विरोधी नारों के जवाब में संविधान के रखवाले, सजग पहरेदार प्रो. स्नेही अपनी आवाज़ बुलन्द करते हुए कहते हैं–

जब तक भारत की धरती पर, जात पाँत का फंडा है।
तब तक संविधान में अपने, आरक्षण का डंडा है।।

× × × × ×

मठ मन्दिर के नाम यहाँ पर, सौ एकड़ का पट्टा।
तेरे घर में सारे असलहा, तोप तमंचा कट्टा।।
मालरोड पर तेरा कब्ज़ा, महल खड़ा सतखंडा है।
तब तक संविधान में...

('पूना पैक्ट का अण्डा')

साहित्य में 'मठाधीशी' के लिए माहिर समझे जाने वाले डॉ. नामवर सिंह जी, जिनकी मान्यता है कि "साहित्य में आरक्षण नहीं चलता" उनके लिए भी प्रो. स्नेही ने संवाद की नयी ज़मीन तलाशी है–

विश्वविद्यालय क़ब्ज़े में तेरे, क़ब्ज़ा हर कॉलेज पर।
हेड–डीन–वी.सी. सब तेरे, है पहरा नॉलेज पर।
मेरिट की तू करे वकालत, फील्ड वर्क में अण्डा है।
तब तक संविधान में...

('पूना पैक्ट का अण्डा')

ज्ञान का लबादा ओढ़े ये बुद्धिजीवी 'फील्ड वर्क' में 'अण्डा' है। यह बात कोई साधारण बात नहीं है। आधुनिक युग में इस प्रकार का 'संवाद' स्थापित करना ख़तरे से खाली नहीं है। एक 'संवाद' अपने समय में शूद्र शम्बूक ने किया था राम से, बदले में सिर गँवाना पड़ा, एक संवाद अपने समय में एकलव्य ने किया था द्रोण से, बदले में अँगूठा कटाना पड़ा, एक संवाद डॉ. अम्बेडकर ने किया था गाँधी से, बदले में 'राजनैतिक अधिकार की माँग' गँवानी पड़ी, फलस्वरूप पूना पैक्ट हुआ। इसी पूना पैक्ट की कोख से 'आरक्षण' पैदा हुआ और इसी 'आरक्षण' के बल पर संघर्ष करते हुए बुन्देलखण्ड के टीकमगढ़ ज़िले के 'कठऊपहाड़ी' गाँव का अदना–सा अभावग्रस्त जीवन जीने वाला बालक 'कालीचरण', आज प्रो. कालीचरण 'स्नेही' बनकर पुनः 'संवाद' कर रहा है, लेकिन अपनी शर्तों पर। देखते हैं 'व्यवस्था', प्रो. स्नेही को क्या गँवाने पर मज़बूर करती है, राहें कठिन अवश्य हैं, मुश्किलों भरी भी, लेकिन असम्भव कतई नहीं।

प्रो. स्नेही ने भरी महफिल में मठाधीशों के सामने ज़ुबान खोली है, अपनी इस कसक के साथ कि–

किसकी ज़बाँ खुलेगी फिर, हम न अगर सुना सके

('हफ़ीज़ जालन्धरी')

प्रो. स्नेही के ज़ुबान खोलते ही बड़े–बड़े 'बेनकाब' हो गये हैं, एक सच्चे इन्सान की भाँति अपने हृदय पर हाथ रखकर कहते हैं–''मैं केवल मनुष्य को स्वीकार करता हूँ और उसकी गरिमा प्रतिष्ठा ख़ुशहाली के लिए हर उस कुर्बानी को देने के लिए ख़ुद को तैयार पाता हूँ, जो मानव गरिमा के प्रतिकूल आचरण के अभ्यस्त हैं, इन प्रतिकूल आचरण करने वालों को मैं सख़्त से सख़्त सज़ा दिलाने की पुरज़ोर वकालत करता हूँ। मैं पेशे से वकील नहीं हूँ पर साहित्यकार और प्रोफ़ेसर होने के नाते मुझे अपने पिछड़े समाज और अपने राष्ट्र की ख़ुशहाली बेहतरी तथा सुरक्षा के लिए साहित्य के माध्यम से वकालत (समर्थन)

करने का अवसर मिला हुआ है, इस अवसर को मैं कभी व्यर्थ नहीं जाने दूँगा। मनुष्य की गरिमा और प्रतिष्ठा को आँच पहुँचाने वालों के ख़िलाफ़ मैं हर मुक़दमा साहित्य के माध्यम से लड़ूँगा।'' ('सुनो कामरेड' 2009 की भूमिका से) प्रो. स्नेही मुक़दमा लड़ने के लिए भी तैयार हैं और जीतने–हारने के लिए भी, एक गजब का आत्मविश्वास और हिम्मत है उनकी ज़ुबान में, तभी तो वे सरेआम भरी महफिल में दक्षिणपन्थी और वामपन्थी मठाधीशों के सामने कहते हैं–

''यदि मैं मुक़दमे में हारता हूँ तो समझूँगा कि यह देश अभी भी मनुष्य की गरिमा और प्रतिष्ठा को सुरक्षित रखने में नाकाम है। यदि मैं जीतता हूँ, तो जीत मेरी नहीं, भारतीय संविधान तथा भारत में रह रहे उन करोड़ों मनुष्यों की जीत होगी जो बाबा साहब डॉ. अम्बेडकर के बताये हुए सन्मार्ग पर चल पड़े हैं।''

('सुनो कामरेड', 2009 की भूमिका से')

प्रो. स्नेही यह उद्घोष कर के चुप बैठने वालों में नहीं हैं और न ही 'वे' चुप बैठने वाले हैं, जिनसे प्रो. स्नेही ने इस प्रकार का 'संवाद' किया है। आधुनिक काल में प्रो. स्नेही ही एकमात्र ऐसे दलित साहित्यकार और कवि हैं, जिन्होंने यह मुनादी कर दी है कि ''दलित साहित्य के दबाव में अब पूरा भारतीय साहित्य है।'' मैं तो स्पष्ट रूप से यह मानता हूँ कि प्रो. स्नेही द्वारा किये गये 'संवाद' के दबाव में सम्पूर्ण भारतीय सवर्ण बुद्धिजीवी आ गये हैं, अच्छा होगा कि वे मिल–जुलकर कोई रास्ता निकालें। 'संवाद' सशर्त है, शर्तें कठिन हैं, 'संवाद' का लक्ष्य है–'व्यवस्था परिवर्तन'। अब देखना यह है कि इस संवाद का जवाब किस रूप में आता है–हमें फूल भी स्वीकार हैं और शूल भी स्वीकार हैं, अच्छा होगा इसका जवाब 'हाँ' में मिले। प्रो. स्नेही के साथ मुझे भी सार्थक एवं सकारात्मक जवाब की प्रतीक्षा रहेगी।

–डॉ. यशवन्त वीरोदय

कविताओं के माध्यम से मानवाधिकार हासिल करने की जद्दोजहद

मनुष्य के कवित्व प्रेम से उसके व्यक्तित्व को जाँचा–परखा जा सकता है। संवेदनशील व्यक्ति, कवि भले ही ना हो पर वह कवित्व प्रेमी अवश्य होगा। आरम्भ से ही साहित्य की मुख्य प्रवृत्ति कविता को ही माना जाता है। दुनिया की हर भाषा के साहित्य में कविता को पहला स्थान मिला है। कविता, हमारे मन–मस्तिष्क को झकझोर देने का कार्य करती है। मुझे उपन्यास में उतनी रुचि नहीं है, जितनी कि कविता में है। यह बात अलग है कि कविता के अनेक रूप हैं। प्रकृतिजन्य कविता, यथार्थवादी कतिता, मार्क्सवादी कविता, दरबारी कविता, भाववादी–रूपवादी कविता, छन्दबद्ध कविता, छन्दमुक्त कविता, भक्तिपरक कविता, विमर्शमूलक कविता और अकविता।

हिन्दी कवियों में मुझे निर्गुण सन्त कवियों की कविता सर्वाधिक पसन्द है, क्योंकि निर्गुण कवियों ने भारतीय जनमानस को पाखण्ड तथा अन्धविश्वास से मुक्ति की राह दिखायी। निर्गुण सम्प्रदाय के प्रवर्तक श्रमण परम्परा के वाहक सन्त प्रवर सद्‌गुरु कबीर और सन्त शिरोमणि गुरु रैदास का भारतीय भाषाओं के कवियों में प्रमुख स्थान है। मेरी पहली पसन्द सन्त प्रवर कबीर और सन्त रैदास ही हैं। इन दोनों श्रमण कवियों की समाज चेतना तथा सामाजिक परिवर्तन की ललक मुझे बेहद सम्मोहित करती है। मैं, सगुण भक्तिकाव्य को निजी सुखानुभूति तथा

कल्पना का भावुक काव्य मानता हूँ। मैं, कबीर तथा रैदास के भक्ति विषयक या कि रहस्यवादी पदों तथा साखियों से अपने आपको आज भी नहीं जोड़ पाता हूँ। मुझे तुलसी के राम और कबीर–रैदास के 'राम' का अन्तर पता है, इसके बावजूद भी मुझे दोनों राम, आकर्षित नहीं करते क्योंकि अन्ततः निर्गुण–सगुण, एक ही सिक्के के दो पहलू हैं। यही कारण है कि प्रख्यात दलित साहित्यकार ओमप्रकाश वाल्मीकि, निर्गुण भक्तिकाव्य को जिनमें कबीर भी शामिल हैं, स्वीकार्य नहीं कर पाते हैं। हाँ, मैं ज़रूर अपने हिस्से के प्रज्ञावान चेतना सम्पन्न, परिवर्तनकामी क्रान्तिदर्शी कबीर–रैदास को अवश्य स्वीकार करता हूँ।

हमारे मसीहा बोधिसत्व–बाबा साहब डॉ. भीमराव अम्बेडकर, कबीर को और कबीर पन्थ को स्वीकार करते थे। उनका परिवार ही कबीर पन्थी था। अधिकांश विद्वानों का मत है कि कबीर और रैदास, श्रमण परम्परा अर्थात् बौद्ध मत के समर्थक थे। वे परोक्षतः बौद्ध धम्म के ही समर्थक माने जाते हैं। यही कारण है कि निर्गुण कवियों के काव्य में वेद–शास्त्रों की तीखी आलोचना मिलती है। ब्राह्मण और ब्राह्मणवाद को निर्गुण कवियों ने सिरे से ख़ारिज किया है। वे मूर्ति पूजा तथा माला जाप, यज्ञ तीर्थ–व्रत को पूरी तरह अस्वीकार्य करते हैं।

कबीर का 'अमर देसवा' तथा रैदास का 'बेगमपुरा', असमानता– अस्पृश्यता, जाति भेद तथा सभी प्रकार के उत्पीड़न को ख़ारिज करता है। बाबा साहब डॉ. अम्बेडकर भी इसी तरह के समतामूलक भारत की कल्पना करते थे। भारतीय संविधान में पूरा तो नहीं, पर 'बेगमपुरा' का तीस–पैंतीस प्रतिशत सपना साकार करने की पूरी कोशिश की गयी है।

बाबा साहब को संविधान निर्माण की समयावधि में संविधान सभा के मनुवादी सोच के अधिकांश सदस्यों ने तमाम अवरोध खड़े किये थे, उनके लिए वह मुश्किल दौर था, जनेऊधारी और कठमुल्लों से पार पाना आसान नहीं था। यही कारण है कि बाबा

साहब जिस तरह का संविधान चाहते थे, उस तरह का संविधान तैयार ना हो सका, जितना लोकतान्त्रिक, जितना समाजवादी, भारत वे चाह रहे थे, वह नहीं बना पाये, इसके बावजूद जो भी संविधान हमें मिला है, वह भी तो पूरी तरह लागू नहीं हो पा रहा है, बल्कि इस संविधान को साम्प्रदायिक और मनुवादी ताक़तें बदलने के लिए लगातार प्रयासरत हैं। हम अपने संविधान को यदि इन मनुवादी ताक़तों से सुरक्षित बचा पाये, तो समझ लीजिए कि कबीर और रैदास जैसे निर्गुण सन्त कवियों का तीस–पैंतीस प्रतिशत सपना अवश्य पूरा हो जायेगा।

हमारे आदर्श और मार्गदर्शक, बाबा साहब और उनकी विचारधारा ही है। बाबा साहब के विराट व्यक्तित्व में तथागत गौतम बुद्ध, ज्योतिबा फुले तथा निर्गुण सन्त कवि समाविष्ट हैं। हमारी चेतना का हिस्सा हैं बाबा साहब।

यही कारण है कि मेरी कविताओं में बाबा साहब का चिन्तन और मिशन समाविष्ट है। दलित कवियों के काव्य की कसौटी ही बाबा साहब का जीवन और मिशन है। भारतीय संविधान तथा मनुष्य की गरिमा, दलित कवियों की कविता का आधार भी है, और लक्ष्य भी है।

मैंने अपनी कविताओं में मानवीय गरिमा तथा भारत की विविधतामूलक छवि को उकेरने की कोशिश की है। मैं उन शास्त्रों, रीति–रिवाजों तथा धर्माचार्यों–पुरोहितों को पूरी तरह से ख़ारिज करते हुए उनकी मुखालफ़त करता हूँ, क्योंकि उनके कारण ही हमारी बन्धुता तथा समानता को चोट पहुँचती है। भारत का धर्मनिरपेक्ष स्वरूप मेरी कविताओं में गुम्फित है। मैं, हिन्दू धर्म के पाखण्डी व्यवहार तथा जातिवादी संरचना की भर्त्सना करता हूँ। मैं, वर्णव्यवस्था तथा पितृसत्ता में यक़ीन नहीं करता हूँ। स्त्री की स्वायत्तता तथा स्वतन्त्रता उसकी अस्मिता को संविधान ने जिस रूप में स्वीकार किया है, मैं स्त्री के उसी रूप को अपनी कविताओं में उकेरता हूँ।

मेरी कविताओं का मूल स्वर, संविधान सम्मत तथा अम्बेडकरवादी ही है। जिसकी भारतीय संविधान और अम्बेडकर के जीवन दर्शन में गहरी रुचि है, या जिन्हें दोनों जी–जान से प्यारे हैं, वे ही मेरी कविताओं के पाठक हो सकते हैं। मेरी कविताएँ, सैकड़ों सालों से पीड़ित–दलित–शोषित वंचित जनों के पक्ष में लिखी गयी हैं। दलितों–स्त्रियों तथा तमाम तरह से शोषित–पीड़ित समूहों की पुरज़ोर वकालत मेरी कविताओं में मिलेगी। मैं ईश्वर को नहीं मानता हूँ तथा ईश्वर के नाम पर स्थापित हर प्रकार की सत्ता को भी पूरी तरह से नकारता हूँ। मेरे लिए भारत ही नहीं, दुनिया के हर कोने में जो भी पीड़ित–दलित व्यक्ति हैं, मैं उनके पक्ष में खड़ा हूँ। मेरी सम्पूर्ण सर्जनात्मकता, सदियों से शापित–ताड़ित दुःखी मनुष्य के दुखमोचन के लिए ही समर्पित है।

प्रस्तुत संकलन में मैंने अपनी जिन प्रतिनिधि कविताओं को चयनित किया है, वे मेरी सर्वाधिक प्रिय कविताएँ हैं। मैं क्या चाहता हूँ? मेरा गुस्सा किसके ख़िलाफ़ है? मेरी आकांक्षा क्या है? मेरा मकसद क्या है? यह सब, मेरी इन कविताओं में जाँचा–परखा जा सकता है। मैं किस तरह की दुनिया गढ़ना चाहता हूँ, मुझे किस तरह के लोग पसन्द हैं? मेरी विचारधारा क्या है? यह सब मेरी कविताओं में समाविष्ट है। मेरी कविताएँ ही मेरी आत्मकथा हैं। मेरी कविताएँ, टुकड़ों–टुकड़ों में मेरी आत्मकथा के ही अंश हैं। यदि मैं भविष्य में अपनी आत्मकथा नहीं लिख सका, तो इसका मुझे कोई मलाल नहीं होगा क्योंकि जो मैंने भोगा है, जो मैं चाहता हूँ, वह सब इन कविताओं के माध्यम से कहने की कोशिश की गयी है।

भारत एक जातिप्रधान देश है। इस देश में मनुष्य की औकात अमूमन जाति द्वारा ही निर्धारित की जाती है। ब्राह्मण अपने आपको सबसे ऊँचा और दलितों को सबसे नीच मानता है। आज़ादी के बाद भारतीय संविधान ने ब्राह्मणों के इस मानक को पलट दिया। हम सब बराबर हैं, इस तरह की जनचेतना का

धीरे–धीरे विकास हुआ। विमर्श मूलक साहित्य ने इस मुहिम को हिन्दी में एक आन्दोलन का रूप दिया।

भारत में दलित साहित्य का सूत्रपात, ख़ासकर हिन्दी पट्टी में आठवें दशक से माना जाता है। मराठी में दलित साहित्य की शुरुआत सन् 1960 के आसपास हो चुकी थी। ब्लैकपैन्थर की तर्ज़ पर मराठी दलित लेखकों ने 'दलित पैन्थर' नामक संगठन बना कर दलित साहित्य को स्थापित किया। बाबा साहब की कर्मभूमि महाराष्ट्र रही है, इसलिए अधिकांश दलित आन्दोलन, दक्षिण भारत, ख़ासकर महाराष्ट्र से ही प्रारम्भ हुए, बाद में यह आन्दोलन सारे देश में फैल गये। मराठी में दलितों की आत्मकथाओं ने सबसे पहले अपनी साहित्यिक उपस्थिति दर्ज़ कराई, जबकि हिन्दी पट्टी में पहले पहल दलित कविता ने दस्तक दी। हिन्दी के प्रख्यात दलित साहित्यकारों में ओमप्रकाश वाल्मीकि, माता प्रसाद जी, कँवल भारती, डॉ. एस. पी. सुमनाक्षर, डॉ. एन. सिंह, डॉ. जयप्रकाश कर्दम, सूरजपाल चौहान, डॉ. रजतरानी मीनू, डॉ. रजनी अनुरागी, मलखान सिंह आदि ने सबसे पहले कविताओं के माध्यम से ही हिन्दी पट्टी में दलित विमर्श और दलित चेतना का प्रसार किया। मैंने भी सन् 1978 ई. में दलित कविताएँ लिखना आरम्भ किया। अब तक मेरे पाँच कविता संग्रह प्रकाशित हो चुके हैं। मुझे आरम्भ में एक कवि के रूप में ही पहचान मिली थी। मैं मूलतः ख़ुद को एक कवि के रूप में ही प्रस्तुत करता रहा हूँ। आरक्षण अपना–अपना, मेरी सर्वाधिक पसन्द की जाने वाली कविता है। मुझे इस कविता ने अखिल भारतीय पहचान दिलाई। अरुणाचल प्रदेश के पूर्व राज्यपाल महामहिम माता प्रसाद जी की यह पसन्दीदा कविता रही है। मैंने भारतीय एकता–अखण्डता और इसकी सांस्कृतिक विविधता को पहले पायदान पर रखा है। आरक्षण की पक्षधरता, मनुवाद की मुखालफ़त और विघटनकारी साम्प्रदायिक ताक़तों के प्रति गुस्सा, मेरी कविताओं में प्रस्फुटित हुआ है।

दलितों का गुस्सा, उस व्यवस्था के प्रति है, जिसे मनुवादियों ने ऊँच–नीच बरतने तथा असमानता फ़ैलाने में किया है। ब्राह्मणों ने ईश्वर के नाम पर मठ–मन्दिर, तीर्थ स्थापित किये। उन्होंने गंगा और गाय का ब्राह्मणीकरण किया है। उनके द्वारा दलितों को पढ़ने से रोका गया। सिर पर मैला ढोने की अमानवीय प्रथा को जायज़ ठहराने की कोशिश की गयी। दलित साहित्यकारों ने कविता–कहानी तथा उपन्यास में इन सब मनुवादी प्रपंचों का तीव्र विरोध किया। दलित साहित्य में भाग्य–भगवान, पाप–पुण्य, आत्मा–परमात्मा तथा पुनर्जन्म को पूरी तरह नकार दिया गया है। दलितों ने अपने नये नायक गढ़े, मिथकों का विश्लेषण किया गया, पुराने मिथकों को नयी अर्थवत्ता प्रदान की। दलित साहित्यकारों ने तुलसी–सूर तथा अन्य मूर्तिपूजक सगुण कवियों को अपने तर्कों से ख़ारिज किया। भारतीय सौन्दर्यशास्त्र का स्वरूप बदला। दलित साहित्यकारों ने मार्क्सवादियों की ही तरह आलोचना के नये मानदण्ड निर्धारित किये– सहानुभूति–स्वानुभूति को विमर्श के केन्द्र में लाया गया। ग़ैर–दलितों के सहानुभूतिपूर्वक लिखे गये साहित्य को दलित साहित्य से बेदखल किया गया। दलित साहित्य, ग़ैर–दलित नहीं लिख सकता, इस पर लम्बा विमर्श किया, दलितों में राजनीतिक चेतना का प्रसार किया। ज्योतिबा फुले, पेरियार ललई सिंह, स्वामी अछूतानन्द तथा मान्यवर कांशीराम साहब को बहुजन नायकों के रूप में स्थापित किया। मैं, अन्य दलित साहित्यकारों की ही तरह सामाजिक परिवर्तन के साथ ही दलित अस्मिता के लिए लगातार संघर्षरत हूँ।

मेरे इस कविता संकलन में संकलित प्रतिनिधि कविताएँ की भूमिका प्रख्यात दलित चिन्तक प्रोफ़ेसर श्यौराज सिंह बेचैन ने लिखी है। प्रो. बेचैन जी की आत्मकथा–'मेरा बचपन मेरे कन्धों पर', आज वैश्विक स्तर पर चर्चित हो चुकी है। आप एक कहानी लेखक के साथ–साथ संवेदनशील कवि भी हैं, इसलिए कविता

के भाव–स्वभाव और उसकी शक्ति को अच्छी तरह से जानते हैं। मेरी कविताओं के सन्देश को आपने ग्राह्य करते हुए, उनकी समीक्षा की है, निश्चय ही इससे पाठकों को मेरी कविताओं के साथ ही अन्य दलित कविताओं को समझने में मदद मिलेगी।

इस संकलन की भूमिका लेखन के लिए मैं अपनी ओर से प्रो. बेचैन जी के प्रति हार्दिक कृतज्ञता प्रकट करता हूँ।

हिन्दी के युवा आलोचक और समर्पित अम्बेडकरवादी लेखक डॉ. यशवन्त वीरोदय ने मेरी कविताओं का सतर्क एवं तथ्यात्मक रूप से विश्लेषण किया है। डॉ. वीरोदय ने दलित साहित्य के समाजशास्त्र पर मौलिक शोधकार्य किया है, इसलिए दलित साहित्य की वैचारिकी को वे अच्छी तरह से जानते–समझते हैं। प्रख्यात शायर और कवि के रूप में वीरोदय जी को अखिल भारतीय ख्याति प्राप्त है। डॉ. वीरोदय, कवि होने के कारण कविता की बारीकियों को आसानी से समझ लेते हैं। 'सुनो ब्राह्मण' और 'सुनो कामरेड', कविताओं का तथ्यपरक विश्लेषण डॉ. वीरोदय की आलोचनात्मक क्षमता को प्रमाणित करता है। डॉ. वीरोदय का प्रबल अनुरोध था कि मैं अपनी कविताओं का एक संकलन वाणी प्रकाशन से प्रकाशित अवश्य कराऊँ, इस संग्रह का वाणी प्रकाशन से प्रकाशित होना उन्हीं की तत्परता और मंशा का प्रतिफल है। मैं, डॉ. यशवन्त वीरोदय तथा वाणी प्रकाशन के यशस्वी प्रकाशक और प्रगतिशील साहित्यकार श्री अरुण माहेश्वरी, दोनों के प्रति अपना आभार प्रकट करता हूँ। मेरी प्रतिनिधि कविताओं का यह संकलन पिछले वर्ष ही आ जाता, पर प्रकाशकीय विलम्ब के कारण ऐसा सम्भव नहीं हो सका। मुझे सन्तोष है कि हिन्दी के अन्य लब्ध–प्रतिष्ठित कवियों की श्रृंखला में मेरा यह कविता संग्रह भी साल 2021 ई. में पाठकों के बीच पहुँच रहा है।

हिन्दी दलित कविता में अभिरुचि रखने वाले पाठकों–शोधार्थियों और अम्बेडकरवादियों को इस संस्करण की कविताएँ

अवश्य पसन्द आयेंगी। जिनका भारतीय संविधान में अटूट विश्वास है और जो मनुष्य की गरिमा को अक्षुण्ण बनाये रखने के लिए लगातार संघर्ष कर रहे हैं, उन्हें मेरी कविताएँ अवश्य पढ़नी चाहिए। मैंने कविताओं के माध्यम से दलितों और ग़ैर–दलितों के बीच स्वस्थ साहित्यिक संवाद बनाने की कोशिश की है। लोकतन्त्र में अपना पक्ष रखने के साथ ही वाद–विवाद और संवाद आवश्यक है। भारतीय भाषाओं के विमर्श मूलक साहित्य ने देश में वही स्वस्थ साहित्यिक संवाद बनाने की कोशिश की है। मुझे सुधी पाठकों की प्रतिक्रिया जानने की प्रतीक्षा रहेगी। संविधान को बचाने के लिए सभी देशवासी संघर्षरत हैं। हम सब, साहित्यिक तरीक़ों से सांविधान की रक्षा के लिए वातावरण निर्मित करते रहे हैं। इस मुहिम में हमारे साथ आप सब भी शामिल हों, इसी आकांक्षा के साथ सुविज्ञ एवं प्रज्ञाशील पाठकों को अपनी कविताएँ समर्पित कर रहा हूँ।

–कालीचरण 'स्नेही'

पूना पैक्ट बनाम आरक्षण

जब तक भारत की धरती पर, जात–पाँत का फण्डा है।
तब तक संविधान में अपने, आरक्षण का डण्डा है।।
गंगा–जमुना के संगम तट पर कर्मकाण्ड का ठेका तेरा।
रच प्रपंच लूटे सुख सारे, बना धर्म का घेरा।।
बाम्हन का बेटा ही जब तक, जगन्नाथ का पण्डा है।।
तब तक संविधान...।।

क़ब्ज़ा तेरा मार्केट पर, तेरे ही सब बिजनिस धन्धे।
भारत का तू भाग्य–विधाता, ज्ञान–ध्यान तप तेरे कन्धे।
अवध–बनारस में लहराता, जब तक 'भगवा' झण्डा है।।
तब तक संविधान...।।

मठ–मन्दिर के नाम यहाँ पर, सौ एकड़ का पट्टा।
तेरे घर में सारे असलहा, तोप तमंचा कट्टा।
मालरोड पर तेरा क़ब्ज़ा, महल खड़ा सतखण्डा है।।
तब तक संविधान...।।

दुबे–तिवारी–ठाकुर–गुप्ता, हैं सरनेम तुम्हारे।
हर–हर महादेव के नभ में, गूँज रहे नित नारे।
'परशुराम' के वंशज जब तक, राजपूत 'चामुण्डा' है।।
तब तक संविधान...।।

विश्वविद्यालय क़ब्ज़े में तेरे, क़ब्ज़ा हर कॉलेज पर।
हेड–डीन–वी.सी. सब तेरे, है पहरा नॉलेज पर।
मेरिट की तू करे वकालत, 'फील्ड वर्क' में अण्डा है।।
तब तक संविधान...।।

डोनेशन की सीट 'ख़रीदी', धन के बल पर तूने।
इतराकर नित चले ज़मीं पर, लगा आसमाँ छूने।
हम कण्डा से करें रोशनी, घर–घर तेरे हण्डा है।।
तब तक संविधान...।।

खोल कम्पनी बैठ गये तुम, कार बंगला पा गये।
डालर की बरसात होत नित, दुनियाभर में छा गये।
टाटा–बिरला–अम्बानी का, धन पर जब तक झण्डा है।।
तब तक संविधान...।

दलित विरोधी तेवर तेरे, अब भी बने हुए हैं।
जात–पाँत के तम्बू देखो, कैसे तने हुए हैं ?
वर्णव्यवस्था जारी जब तक, रामराज्य एजेण्डा है।।
तब तक संविधान...।।

छुआछूत तुम अब भी बरतो, करो गाँव में दंगा।
पिछले साल घुमाया तुमने, नागमती को नंगा।
ज़िन्दा जला दिया दलितों को, पड़ा मामला ठण्डा है।।
तब तक संविधान...।।

रोटी को नित जूझ रहे हम, तन पै एक लँगोटी।
मोटीवेट करे ना कोई, बिन चन्दन बिन चोटी।
खाली पेट हमारा जब तक, भरा तुम्हारा बण्डा है।।
तब तक संविधान...।।

सिर पै मैला अबै हमारे, सड़कें रोज़ बुहारें।
हुक्म–हजूरी बजा रहे हम, यों ही उमर गुज़ारें।
ताऊ तुम्हारा अत्याचारी, सगा भतीजा गुण्डा है।।
तब तक संविधान...।।

दूध मलाई चाटी तुमने, अब न चलेगी चाल कोई।
पढ़–लिख करके निडर बने हम, अब न गलेगी दाल कोई।
लिए तिरंगा पोता अपना, हँसमुख जबर मुचण्डा है।
तब तक संविधान...।।

जाग गये अब धोबी–धानुक, जागे जाटव–पासी।
जात–पाँत में बाँट दिये थे, जुरमिल हुए पचासी।
भीख नहीं यह भागीदारी, नहीं कोई हथकण्डा है।।
तब तक संविधान...।।

हुआ इशारा 'परिवर्तन' का, समझ गये तो बेहतर होगा।
तुम भी तो अब बनो आदमी, तज पण्डित का चोगा।
वहाँ तुम्हारा मन्दिर जब तक, यहाँ हमारा सुण्डा[1] है।।
तब तक संविधान...।।

आये साइमन थे भारत में, बन कर दलित हितैषी।
अनशन करके तब गाँधी ने, चाल चली कुछ ऐसी।
पूना पैक्ट हुआ हिन्दू हित, यह उसी पैक्ट का अण्डा है।।
इसीलिए तो संविधान में अपने, आरक्षण का डण्डा है।
तब तक संविधान...।।

---

1. सुण्डा = सुअरबाड़ा।

वे नहीं चाहते हैं

वे नहीं चाहते हैं
जी हाँ,
बिल्कुल नहीं चाहते हैं,
कि हम अच्छे स्कूलां में पढ़ाई पढ़ें
ज्ञान–विज्ञान में उनसे आगे बढ़ें
इतिहास को नये सिरे से गढ़ें
प्रधानमन्त्री पद के लिए लड़ें
लालकि़ले पर तिरंगा लेकर चढ़ें।
वे अब भी यही चाहते हैं
कि हम उनकी सेवा में सिर झुकाये यों ही डटे रहें
देश–दुनिया से कटे रहें
तोता रटंत बनकर राम–राम रटे रहें,
हमारे तन–बदन पर हरदम चीथड़े फटे रहें
हम ऊँच–नीच में यों ही बँटे रहें
उनके खेतों में मज़दूर बन कर
अब भी दिन–रात खटे रहें।
ढोते रहें अब भी सिर पर उनका मैला
माँगते रहे खाने को जूठन।
ज़िद न करें 'हाथी' पर चढ़ने की
चुनाव में लड़ने की
विश्वविद्यालय में पढ़ाने–पढ़ने की

तूफ़ान बन कर घुमड़ने की
अन्यथा सबके सब
हमारे पीछे पड़ जायेंगे
बिना चुनाव के ही हम से लड़ जायेंगे
आपसी सद्‌भाव बिगड़ जायेंगे।
वे हमारी छाती पर चढ़ जायेंगे।
लेकिन अब हम भी कहाँ हार मानने वाले हैं
सदियों का तुम पर अपना गुबार निकालने वाले हैं
'क़लम' को हथियार बनाने का हुनर हमने भी सीख लिया
अब नहीं हम, यह हथियार डालने वाले हैं।

दो पाये का जानवर

इस देश में
आदमी के रूप में पैदा हुए थे तुम भी
और हम भी
पर
तुम आदमी से 'देवता' बन गये
और
हमें आदमी से जानवर बना दिया
तुम्हारी क्रूर व्यवस्था ने
दो पाये का जानवर।
अब हमारी कोशिश है
आदमी बनाऊँ तुम्हें भी
और आदमी बनूँ मैं ख़ुद भी।
मैं मानता हूँ कि
तुम्हारी वर्ण–व्यवस्था
हमें आदमी नहीं बनने देगी
पर यह भी सच है
बिना आदमी बने
नहीं रह सकते हो तुम
अब इस धरती के किसी भी
टुकड़े पर।
'भूदेव' बन कर भी नहीं

रह पाओगे
अब भारत के किसी भी हिस्से पर
अब यह देश नहीं चलेगा
गीता–पुराण के क़िस्से पर।

लोकतन्त्र की छाँव

साथियों चलो चलें
चुनाव का मौसम है
गाँव की ख़बर ले लें।
अब भी जो बेख़बर हैं
उन्हें ख़बरदार करना है
गाँव के ज़मींदार के ख़िलाफ़
'प्रधानी' का पर्चा भरना है
जो भरने नहीं देता है
हैण्डपम्प से अब भी हमें पानी
उसका चुनाव में पानी उतारना है
हिम्मत नहीं हारना है।
हार गये हिम्मत तो
रह नहीं पाओगे अपने पुश्तैनी गाँव में
फ़ैसला करना ही है, अब की चुनाव में।
सब का पाँव, 'हाथी' के पाँव में
आनन्द ही आनन्द है, लोकतन्त्र की छाँव में।

दरबार

नहीं बदला है
जी हाँ–
बिल्कुल नहीं बदला है
हमारे गाँव का 'खुमान सिंह'
वैसा ही शैतान
ज़िद्दी वैसा ही
गुर्राता है–वैसा ही
जैसे गुर्राता था
उसका परदादा गुमान सिंह।
घूरता है वैसे ही
अब भी ग़रीब की बहू–बेटियों को
चुनाव में जबरिया उठवा लेता है
आज भी मतपेटियों को।
साइकिल पर चढ़ कर नहीं निकल सकते
अब भी शिक्षित दलित उसके दरवाज़े से।
सख्त नफ़रत है उसे
हमारी बस्ती में बज रहे ढोल–बाजे से।
लगाता है वह आज भी
अपने दादा की ड्योढ़ी पर वैसा ही दरबार
प्रधान कोई भी हो
इसकी नहीं है उसे दरकार

चलाता है गाँव में खुमान सिंह
अब भी अपनी तानाशाही सरकार।
उसके जुल्म से हर ओर अब भी हाहाकार।
ठोकता है दरोगा अब भी
उसको वैसी ही सलामी
सारा गाँव अब भी करता है उसकी ग़ुलामी
पंचायत के सब फ़ैसले उसी के अधीन हैं
हमारे गाँव अब भी पराधीन हैं।

भारत के गाँव

'भीम' की हवा बहेगी जब गाँव में
काँव–काँव तभी बन्द होगी गाँव में।
बदला है वक़्त,
दुनिया भी बदल गयी
बदला अभी कुछ भी नहीं
भारत के गाँव में

मनमानी होती है अब भी चुनाव में।
घूरे पै बैठा है घीसू बेचारा
जूठन पै करता है अब भी गुज़ारा
वैसा ही रवैया है ठाकुर के ठाँव में
बदला अभी कुछ भी नहीं
भारत के गाँव में।

दलितों के लिए
खेती को खेत नहीं
रोटी कोई देत नहीं
लुच्चे–लफंगे, अपराधी पल रहे
उसी हवेली की छाँव में
बदला अभी कुछ भी नहीं भारत के गाँव में।

'प्रधानी' पै इस बार खड़ा हुआ
एम.ए. तक लखनऊ से पढ़ा हुआ
मारा गया 'हरखुआ' पिछले चुनाव में।
बदला अभी कुछ भी नहीं
भारत के गाँव में।
खाली है पेट थाली भी बिक गयी
फिरता है अधनंगा, नन्दराम
जूता नहीं पाँव में
बदला अभी कुछ भी नहीं
भारत के गाँव में।

धम्म-दीक्षा

वे ग्रन्थ भरोसे लायक नहीं हैं
जिनमें भेदभाव भरा हो
देवता हों अमर
और आदमी मरा हो।
बात तो तब बनेगी जब बात हो पते की
'शब्द तो शब्द है' सोने सा खरा हो।
आदमी के चेहरे की चमक बढ़ती हो
जिस किताब से
उस किताब को पढ़ना–पढ़ाना है
आपस में सद्भाव को बढ़ाना है।
वे भगवान भी भरोसे लायक नहीं है
जो पण्डे–पुजारियों से घिरे रहते हों
उन्हीं की हवा में नित बहते हों।
उनका ही दिया हुआ खायें
उनका ही दिया हुआ पहनें
पुरोहित ही लाते हों जिन्हें क़ीमती गहने।
ऐसे भगवान से तौबा
जो उसे दण्ड नहीं देता
जिसने आदमी को चाण्डाल और नीच बनाया
ख़ुद भूदेव का दर्ज़ा पाया
उस लम्पट और पाखण्डी को भी
इन्द्र का दर्ज़ा दिया है

जिसने 'अहल्या' का शील भंग किया है
छल कर के ख़ुद ही सोम रस पिया है
एक पूरी सभ्यता को तबाह किया है।
ऐसे भगवान को हम क्यों कर शीश झुकाएँ?
क्यों उसकी महिमा के गीत गाएँ
जिसने निठल्लों को महिमा से लाद दिया हो
स्मृति और पुराणों को खाद दिया हो
लुटेरे और डाकुओं को 'प्रसाद' दिया हो
मन्दिर के नाम पर देश को बर्बाद किया हो
ऐसे निरीह–लाचार और
विप्र हितैषी भगवान से
मैं क्यों गिड़गिड़ाऊँ?
क्यों मुफ़्त में प्रसाद चढ़ाऊँ?
क्योंकर उसकी आरती गाऊँ?
जाँच लिया बाँच लिया
अब न फेर पड़ूँगा
अब न किसी मन्दिर की देहरी चढ़ूँगा।
इन्सान हूँ–
इन्सानियत का नया नक्शा गढ़ूँगा
झूठ का पोथन्ना अब न पढ़ूँगा
समता की ख़ातिर, मैं अहिंसक युद्ध लड़ूँगा।
ठान लिया मैंने अब
अपना दीपक आप बनूँगा
किसी विप्र को नहीं चढ़ावा दूँगा
धम्म–दीक्षा लूँगा।
मुखर हुआ हूँ आज,
नहीं रहूँगा कल भी गूँगा।
जी हाँ–
धम्म–दीक्षा लूँगा
धम्म–दीक्षा लूँगा।

परिवर्तन

वे सबके सब गाँव
ख़ुशहाल हुए–
जिन्हें 'अम्बेडकर ग्राम' का दर्ज़ा मिल गया
ठाकुर की 'हवेली' का वजूद हिल गया।
गाँव का चेहरा एकाए खिल गया।
अब जाके हुआ है, गाँव का प्रधान
उसी गाँव की–सफ़ाई करने वाला 'बल्लू' वाल्मीकि।
मण्डी का अध्यक्ष बना है–
अभी–अभी 'मिठुआ' धानुक।
ब्लाक प्रमुख पर 'पर्वत' धोबी आसीन है
पूरा ज़िला अब आर.डी. राम के अधीन है।
देखो, वो देखो–
दिल्ली का 'लाल क़िला'
लखनऊ से साफ़ नज़र आ रहा है,
हमारा कारवाँ उसी ओर जा रहा है।
'बल्लू' वाल्मीकि के साथ सारा गाँव अब
'जय भीम' का नारा लगा रहा है
'परिवर्तन' का दौर जल्दी ही आ रहा है।
देख लो, छा रहा है, अपना ही रंग, हर ओर अब
दोनों हाथ ऊपर खड़े करके
'मनु–वशिष्ठ' का कुनवाँ
'शर्मसार' होकर भागा जा रहा है,
अपने किये पर पछता रहा है।

अश्वमेध का घोड़ा

देश–दुनिया की बेहतर सफ़ाई के लिए
मेहतर चाहते थे 'मुक्तिबोध'
पर ख़ुद नहीं बनना चाहते थे–
'मेहतर–भंगी'
क्योंकि वे जन्म से ही
'गजानन–माधव' बने थे,
भला कोई 'माधव' होकर
क्यों होना चाहेगा–मेहतर।
कौन चाहेगा दूसरों का मल अपने।
सिर पर ढोया जाये
अलबत्ता बेहतर सफ़ाई की माँग ज़रूर करेगा
जिसके लिए 'माधव' के पूर्वज
इस देश में पहले से ही
मेहतरों की जमात खड़ी कर गये।
हम भी नहीं चाहेंगे
कोई 'माधव' या मुक्तिबोध, मेहतर बने
ख़ासकर उस वक़्त,
जब हम सब लामबद्ध होकर
ग़ुलामी की अँधेरी गुफ़ा से बाहर निकल आये हों
अपने ही बलबूते पर।
और अब अपनी मुक्ति के लिए

बिना किसी 'मुक्तिबोध' के बग़ैर ही
'लाल क़िले' पर तिरंगा फहराने निकल पड़े हों–
ऐसे मोड़ पर आकर हम नहीं चाहते–
हमारे मार्ग में अब कोई रोड़ा बने
'अश्वमेध' का घोड़ा बने।

कंचनजंघा

किसी भी दौर में
बुरा नहीं है–
आदमी होकर
आदमी के रूप में
जीने की माँग करना।
बुरा है–हाँ जी, बहुत बुरा है,
आदमी होकर
आदमी की तरह जीने की ज़िद छोड़ देना।
मैं आदमी हूँ
पसीने से तर–बतर पूरा आदमी
इसलिए आदमी बनने की ज़िद पर अड़ा हूँ
आदमी बनने की राह में
जितने भी रोड़े हैं
सबसे लोहा लेने को खड़ा हूँ
आदमी होने के लिए
हर व्यवस्था से अब तक लड़ा हूँ।
काट–छाँटकर कर दिया गया था, उस दौर में
बहुत छोटा मेरा वजूद–
अब अपनी कुव्वत से कंचनजंघा चढ़ा हूँ
'प्रेम' का ढाई आखर पढ़ा हूँ
जान की बाज़ी लगाकर
आदमी बनने की ज़िद पर अड़ा हूँ।

एक अदद आदमी

इस तरक़्क़ी पसन्द दौर में
मैं सुधार नहीं चाहता–
परिवर्तन चाहता हूँ
सम्पूर्ण परिवर्तन।
मर–खप चुके मेरे पूर्वज
तुम्हारी ग़ुलामी करते हुए
जूठन से पेट भरते हुए
पर मैं नहीं मरना चाहता
उस तरह, जिस तरह
मरना पड़ा मेरे दादा–परदादा को।
मैं लड़ना चाहता हूँ
जी हाँ, अपनी क़ौम के
स्वाभिमान और अस्मिता की ख़ातिर।
मैं नहीं चाहता हूँ
कि कोई अब फिर तुम्हारा ग़ुलाम बने।
मैं पूरी आज़ादी चाहता हूँ
उस तरह की आज़ादी
जो आदमी के लिए ज़रूरी है।
मैं आदमी के रूप में जन्मा हूँ
इस धरती पर
आदमी बन कर ही उभरना चाहता हूँ

आदमी बन कर ही जीना–मरना चाहता हूँ।
मुझे नफ़रत है
संगम तट के पण्डों से
मठ–मन्दिर के झण्डों से
सामन्तवाद के मुसतण्डों से।
मुझे नफरत उन पोथियों से भी है
जिनके कारण मुट्ठी भर लोग
युग–युग से जन्म के कारण ही
पण्डे और पुजारी बने हुए हैं
और हमें बनने नहीं दिया
एक अदद आदमी भी।
मैं एक ऐसा आदमी बनना चाहता हूँ
जो किसी भी भगवान के सामने
झुकने से साफ़ इनकार कर दे
भूल कर भी न गाये निज कण्ठ से
'वीणा वादिनी वर दे'
जला कर राख कर दे
सारे रहस्यमयी पर्दे
वर्णवादी व्यवस्था को
जड़–मूल से कुचल दे
समता–ममता, सौहार्द
की सीमेण्ट से भारत की बुनियाद भर दे
संविधान को लम्बी उमर दे।

सुनो कामरेड

सुनो कामरेड
भारत के मज़दूरों की आवाज़ सुनो
जो मज़दूर के साथ–साथ
जन्म से धोबी–धानुक
चमार–पासी हैं
इन्हें इस मुल्क में
'वर्ग' से नहीं
'वर्ण' और 'जाति' से जाना जाता है
'राँपी'–बसूला और
झाड़ू–पंजे से पहचाना जाता है।

सुनो कामरेड
ये सबके सब
दलित जमात वाले अपना उद्धारक
डॉ. आम्बेडकर को मानते हैं
कबीर और रैदास को पहचानते हैं
ज्योतिबा फुले को जानते हैं,
ये किसी 'मार्क्स' या लेनिन
को अपना नहीं बताते हैं।
ये आज भी 'मार्क्स' पर नहीं,
मान्यवर कांशीराम पर अपना भरोसा जताते हैं।

भरोसा तुम पर भी नहीं है–'कामरेड'
तुम सभी मज़दूरों को एक 'वर्ग' मानकर
हँसिया–हथौड़ा लेकर
रेवड़ सा हाँकना चाहते हो
जो हाँके ही नहीं जा सकते हैं।
ये फाँके करने वाले दलित जमात वाले लोग
सदियों से इस देश में
जाति–वर्ण के घेरे में घेर कर हाँके गये
यह 'हाँका' अब भी जारी है
जाती नहीं जाति की खुमारी है
'जाति' उस देश की सबसे बड़ी बीमारी है।
इस बीमारी से तुम भी तो बीमार हो 'कामरेड'।
दो–चार को छोड़कर
सभी ने 'जाति' का पुछल्ला लगा रखा है
मुहल्ले का नाम तक जातियों पर रखा है।
चटर्जी–बनर्जी पाण्डे–दुबे–चौबे, नम्बूदरी, अग्रवाल, सिन्हा–श्रीवास्तव
ये सब 'मार्क्स' या 'लेनिन' के पर्यायवाची नहीं हैं,
ब्राह्मन बनिया ठाकुर और कायस्थ के समानार्थी हैं।
हमारे बाबा साहब आम्बेडकर ने कहा था–
'इस देश में कोई सच्चा कम्युनिस्ट
हो ही नहीं सकता है।'
यहाँ सब अपनी–अपनी जाति का खोल ओढ़े हुए हैं
वेद से सब सम्बन्ध जोड़े हुए हैं
वेद के विरोधी, बहुत थोड़े हुए हैं।

सुनो कामरेड
सावधान होकर मेरी बात सुनो–
आचरण में दोगलापन है तुम्हारे

तुम बाहर–बाहर मज़दूरों के हिमायती बनते हो
सभा–सोसायटी में ज्वार बनकर उफनते हो।
भीतर ही भीतर राम नाम रटते हो
'दुर्गापूजा' में महीना भर खटते हो।
बंगाल और केरल में पण्डों–पुजारियों की अब भी भरमार है–
कम्युनिस्टों की यह सबसे बड़ी हार है।
'लाल सलाम' और 'लाल किताब' याद है तुमको
लेकिन तुम लाल कपड़े में बँधी
रामायण और गीता भी नहीं भूल पाये हो
हर साल देवी जागरण में भी रतजगा करते आये हो
नौ दिन तक छककर खिचड़ी–भोग खाये हो
भारत में क्या अनोखा साम्यवाद लाये हो?

सुनो कामरेड
हम तुम्हारे एक हाथ में लाल झण्डा देखते हैं
दूसरे में तिरुपति का 'प्रसाद'
कुछ के काँधे पर तो मोटा 'जनेऊ' भी पड़ा है
घरके घरुवा में तुलसी का पौधा खड़ा है।
दरवाज़े पर 'गणेश जी' का फ़ोटो जड़ा है।
मैंने देख लिया है पिछली साल
तुम्हारी बेटी की शादी में पण्डित को भाँवर पढ़ते हुए।
महीने भर पहले देखा था तुम्हें
'वैष्णव' देवी की सीढ़ियाँ चढ़ते हुए
'महाकाल' मन्दिर में देखा था पिछले हफ़्ते प्रमोशन की ख़ातिर नाक रगड़ते हुए
'प्रसाद' और 'भभूत' के लिए पंडित से झगड़ते हुए।
संगम तट पर तुम्हारे ही कुटुम्बी
जजमानों को पटाते हुए दिख गये

तुम्हारे ही पूर्वज 'हनुमान चालीसा' लिख गये–
तुम्हारे साढू की दुकान पर रखे हुए
'कल्याण' के सारे अंक बिक गये
तुम्हारे बेटे की ससुराल में
बनारस के पण्डे आकर टिक गये।
तुम्हारी सगी बहन का पोता
अखण्ड रामायण का पाठ करा रहा था परसों
तुमने भी मंगलवार का व्रत रखा है बरसों।

सुनो कामरेड
तुम्हारे दादा की मृत्यु पर 'राम–नाम' सत्य है–
का नारा बुलन्द कर रहा था, तुम्हारा ही ताऊ
अन्त्येष्टि के समय
गंगाजल छिड़क रहा था तुम्हारा ही बाप
तीन दिन तक चला था
तुम्हारे घर में गायत्री मन्त्र का जाप।
गरुड़ पुराण का पाठ भी
हुआ था मृतात्मा की शान्ति के लिए
तुमने भी तो किया था सिर मुड़ा कर
संगमतट पर पण्डों को दान–पुण्य
'पिण्डदान' करने के लिए
सारा इन्तज़ाम तुम्हारा ही तो था।
तेरहवीं पर पण्डितों ने
तुम्हारे घर छक कर मालपुए खाये थे
इलाके के सारे ब्राह्मन आये थे।

सुनो कामरेड
यह सच है कि तुमने कबीर और प्रेमचन्द
को ख़ूब पढ़ा और पढ़ाया है–

पर सच यह भी है कि 'तुलसी जयन्ती' पर
तुम और तुम्हारे आका ही हर मंच पर छाये रहे
दो दिन तक 'भक्तिरस' में नहाये रहे
तुम्हारे ही श्रीमुख से सुना है–
तुलसी का रामचरितमानस
विश्व की श्रेष्ठतम रचना है
उस समय तुम्हारे दिमाग़ से
मार्क्सवाद हवा हो गया था
'द्वन्द्वात्मक भौतिकवाद' स्मृति से खो गया था
लुट गयी थी ताउम्र जोड़ी हुई वह विदेशी 'पूँजी',
लूटने वाला कोई और नहीं
तेरे अन्दर बैठा तेरा ही जातिवादी वजूद था
तू यहाँ अपनी जाति में ही मौजूद था।

सुनो कामरेड
ध्यान से सुनो
अगर तुम इस देश में
सचमुच में ही साम्यवाद लाना चाहते हो
तो जहाँ–जहाँ तुम्हारी सरकार है
वहाँ–वहाँ मुख्यमन्त्री का पद
किसी धोबी–धानुक, –या चमार के हवाले कर दो।
पार्टी की कमान भी
किसी दलित–मज़दूर को ही द दो
जो कि तुम दे ही नहीं पाओगे
केवल गाल बजाओगे
हम भी नहीं देंगे तब तक
तुम्हें अपना वोट और सपोर्ट
भागो, दूर भागो
हमारा पीछा छोड़ दो

या फिर मुफ़लिसों–मज़दूरों से
रोटी–बेटी का रिश्ता जोड़ दो
'जाति'–पाँति का घेरा तोड़ दो।

सुनो कामरेड
यह भी सुनो–
मंच पर उछल–कूद करने
या उत्तेजक भाषणबाज़ी से
तुम हमारे रहनुमा नहीं कहला सकते हो
गोल–मोल लच्छेदार बातों से तुम अब हमारा
मन नहीं बहला सकते हो।
देश की हक़ीक़त जानो कामरेड
'वर्ण' को सच मानो कामरेड।
आओ कामरेड, हमारे साथ आओ
चमरटोली में कुछ दिन साथ–साथ निवास करो
डोमों की बस्ती में चल के वास करो
सच्चे अर्थों में ऊँच–नीच का नाश करो
जात–पाँत को तोड़ने का कुछ तो प्रयास करो।

सुनो कामरेड
हम अपने शोषक को अच्छी तरह जानते हैं
ख़ूब पहचानते हैं
वह सात समुन्दर पार
दूर देश इंग्लैण्ड या अमेरिका में नहीं बसता है–
वह जालिम तो हमारी ही बस्ती में
पूजनीय 'भूदेव' बनकर
सदियों से ठाठ से रह रहा है
हमें चूहड़ा–चण्डाल कह रहा है
इसे गोरी नस्ल से भी ज़्यादा, अपनी 'जाति' और

'वर्ण'– का नशा है
हज़ारों साल से इसने ही हम मूलनिवासियों
पर शिकंजा कसा है।
हम अपनी समूची घृणा और आक्रोश
साम्राज्यवादियों के प्रति नहीं,
गाँव के इन्हीं ढोंगी पण्डितों और ज़मींदारों के प्रति व्यक्त
करते हैं
हमें आदमी से पशु बनाने में,
इंग्लैण्ड या अमेरिका का नहीं–
गाँव के इन्हीं ढोंगी, पण्डे–पुजारियों का हाथ है
यहाँ का तथाकथित भगवान भी इन्हीं के साथ है।

सुनो कामरेड
तुम पूँजीवाद–साम्राज्यवाद के प्रति रात–दिन ज़हर उगलते
हो,
मंचों पर ज़ोर–ज़ोर से उछलते हो,
पर कई मर्तबा ख़ुद उन्हीं की राह पर चलते हो
गीता–रामायण के साँचे में ढलते हो।
कामरेड–तुम्हें पूरी ताक़त के साथ
गाँव के गुमान सिंह के विरुद्ध लड़ना होगा
इतिहास को नये सिरे से गढ़ना होगा
पाखंडियों के सीने पर चढ़ना होगा
'अम्बेडकर वाङ्मय' को पढ़ना होगा।

सुनो कामरेड
तुम असल मुद्दे से हमें भटकाओ नहीं
हमें 'साम्राज्यवाद' से उतना ख़तरा नहीं है
जितना कि गाँव के इन मनुवादी सवर्णों से है
जो 'रूसी जार' से हज़ार गुना ज़्यादा ख़तरनाक है

हमारे घरों में ख़ुशहाली
मनुवादियों के आतंक के अन्त के साथ आयेगी
जब तक मनुवादी सवर्णों का आतंक रहेगा
हमारी मुसीबतें कम होने वाली नहीं हैं
हमारा दुश्मन देश से बाहर नहीं है।
वह तो अब भी गाँव के बीचों–बीच हवेली में बसा है
अब भी हमारा समाज, उसी के मकड़जाल में फँसा है।
कामरेड, **तुम्हें** हमारे साथ लामबन्द होना होगा
गाँव के ज़मींदार के विरुद्ध
जो अब भी हमारी बहू–बेटियों को सरेआम छेड़ता है
छुआछूत के नाम पर हमें गाँव के बाहर खदेड़ता है
बेगार के नाम पर अब भी पकड़ बुलाता है
हमारी औलाद को।
कौन सुनता है–बताओ हमारी फरियाद को।
ना–नुकर करने पर
जूतों से वह हमारा शरीर तोड़ देता है
हैण्डपम्प पर उसका पोता हमारी गागर फोड़ देता है
हमारी खड़ी फ़सल में अपने पालतू पशु छोड़ देता है।
चुनावों में यही फ़र्ज़ी मतदान कराता है
तरह–तरह से ग़ज़ब सितम ढाता है,
मन्त्री पद पाकर 'राष्ट्रगीत' गाता है।
छीन लेता है सरकारी पट्टे की हमारी बीघा भर ज़मीन
अब भी कहता है हमको नीच और कमीना।
हमें किसी और से नहीं, गाँव के गुमान सिंह से निपटना है
लक्ष्य से बिल्कुल नहीं भटकना है
हमारी कौम को इंग्लैण्ड और अमेरिका में
घूमते हुए किसी अंग्रेज़ ने नहीं टोका
पर अफ़सोस हम अपने ही देश में रोक–टोक दिये जाते हैं
पग–पग पर ज़लील किये जाते हैं।

मुश्किल है गुज़ारा अब भी गाँव के परिवेश में
आड़े आ जाती है 'जाति' यहाँ हर केस में।
बताओ फूलन देवी की इज़्ज़त लूटी गयी थी किस देश में?

'झज्जर' काण्ड हुआ था किस प्रदेश में?

कौन शामिल था खैरलांजी के केस में?

सुनो कामरेड
'बेलछी' और 'पिपराकाण्ड' में मेरे दलित भाई–बहनों
को ज़िन्दा जलाने वाले विदेशी नहीं
देशी मनुवादी ही थे,
सचमुच में ये सबके सब बेहद उन्मादी थे।
इन्हें किसी मुसलमान या अंग्रेज़ ने नहीं उकसाया था
मिट्टी का तेल अमेरिका से नहीं आया था
हमारे भाइयों को किसी मुस्लिम ने नहीं जलाया था।
शम्बूक का सिर और एकलव्य का अगूँठा
किसी अंग्रेज़ ने नहीं काटा था।
'कर्ण' को सूतपुत्र कहकर
द्रोपदी के स्वयंवर में किसने डाँटा था?
हमें जाति और वर्णों में किसने बाँटा था?
हमारी बहू–बेटियों को पादरी के इशारे पर नहीं,
ठाकुर के इशारे पर गाँव में नंगा घुमाया जाता है
'प्रेम विवाह' करने पर उपलों में
ज़िन्दा जलाया जाता है।
अब भी पीएच.डी. में एडमिशन देने से
साफ़ इनकार कर देते हैं–
द्रोणाचार्य के पोते–पड़पोते
सम्पूर्णानन्द की मूर्ति को यही गंगाजल से धोते।

ये सबके सब अत्याचारी–व्यभिचारी भारत के ही पूत हैं
जो कहते हमको अब भी अन्त्यज–अछूत हैं।

आओ कामरेड
मिलकर इन मनुवादियों का मुक़ाबला करें
ऊँच–नीच की इस जाति–पाँति की खाई को भरें
भारत पर आये इस जाति संकट को दोनों मिलकर हरें
मानवता की भारत में पक्की बुनियाद धरें।

आओ कामरेड
हमारे साथ आकर मरो–खपो
मेहनत की आग में तपो
'मुक्तिबोध' की तरह हार मत मानो
हिम्मत और होशियारी से काम लो
हमारे साथ तुम भी 'बाबा साहब' का नाम लो
इन्सानियत का दामन थाम लो।
जो हैवान बनकर करते आये हैं
हमारे ऊपर अब तक ज़ोर–जुल्म
उन झुण्डों और गुण्डों पर
बल्लम–लाठी से हल्ला बोलो
जो चिढ़ाते आये हैं, हमें अब तक
नीच और कमीना कहकर
मनुस्मृति के गन्दे नाले में बहकर।

सुनो कामरेड
अपने घर–आँगन में भी 'लाल सलाम' बुलवाइए
ख़ुद की बीवी को कम्युनिस्ट का मतलब समझाइए
उसके दिमाग़ से छूत–छात का भूत भगाइए
'हीरा डोम' को अपने चौके में खिलाइए

अपने बच्चों को 'दलित साहित्य' पढ़ाइए
बैठक में 'अम्बेडकर' का चित्र लगाइए
'मियाँ–बीवी' मिलकर
अपने घर में क्रान्ति की अलख जगाइए
अपनी ससुराल में भी–'हँसिया–हथौड़ा' चलाइए
हमारे साथियों से 'जय भीम' कहकर हाथ मिलाइए।
तुम को अब जनेऊधारी जुल्मी–जातियों को सबक सिखाना होगा
कामरेड, तुमको अपना असर दिखाना होगा।

सुनो कामरेड
इधर सुनो
ये ज़ोर–जुल्म करने वाले
बहुतेरे, तेरे ही घरवाले हैं
इनमें तेरे ही मामा–मौसा, साढू–साले हैं
ये सबके सब वेद–शास्त्र के रखवाले हैं।
बोलो कामरेड
सच–सच बोलो
क्या तुम अपनों पर प्रहार करोगे?
'वर्णव्यवस्था' का संहार करोगे?
सोच–समझ कर तुमको निर्णय लेना होगा
उत्तर इसका 'हाँ' में जल्दी देना होगा।

सुनो ब्राह्मण

सुनो ब्राह्मण
सदियों तक मौन रही अवाम की आवाज़ सुनो
ज्ञान के ठेकेदार बनते आये हो
ज्ञानियों की तरह कुछ तो गुनो।
छोड़ दो अब वे पुराने ख़यालात
आग के हवाले कर दो वे पुरानी सनातनी संहिताएँ
जिनके भरोसे तुम्हारे पुरखों ने मेरे पुरखों का
जीना हराम किया था
अपमान का ज़हर मेरे पुरखों ने सदियों तक पिया था।
ग़ुलामी करते हुए मर–खप चुकीं हमारी कई पीढ़ियाँ
बदले में तुमने 'नीच' का दर्ज़ा दिया था।

सुनो ब्राह्मण
अच्छा नहीं है अब
उन पुराने बखेड़ों का बखान
अब नहीं चलने वाली तुम्हारी वह धर्म की पुरानी दुकान
हम भी हैं इन्सान
तुम भी हो इन्सान।

सुनो ब्राह्मण
हम नहीं चाहते अतीत की

स्मृतियों में फिर से लौटा जाये
विषमता के विष को बार–बार घोंटा जाये
क्यों व्यर्थ में अपमान को आंटा जाये?
अर्श से फ़र्श पर उतरो
जहाँ तुम सदियों तक बैठे रहे निरापद
'भूदेव' के आसन पर
पकड़ थी तुम्हारी समाज के अनुशासन पर
तुम्हीं तो थे प्रतिष्ठित प्रशासन पर
क़ब्ज़ा तुम्हारा ही तो था सत्ता–सिंहासन पर।
पूजती थी तुम्हें इस महादेश की रियाया
गढ़कर कहानी ख़ुद को तुमने मुख से पैदा बताया
सदियों तक तुमने हम सब को सताया
हज़ारों साल तक यों ही तुमने मुफ़्त का मालखाया
गीता–पुराण रचकर, ख़ुद को अब तक बचाया
तुमने अपनी उँगली पर ज़माने को नचाया
अपने आँगन में भगवान को बसाया
'मनुस्मृति' के जाल में सारे केश को फँसाया।

सुनो ब्राह्मण
आज़ाद भारत की नब्ज़ को टटोलो
अब न अहंकार में मुँह खोलो।
हालात बदले–
ख़यालात बदलो।
पाखण्डी पण्डितों की भाषा अब न बोलो
बदला है वक़्त, तुम भी वक़्त के साथ हो लो।

सुनो ब्राह्मण
इक्कीसवीं सदी के माहौल को जाँचो
तजकर पुराना विधान–

संविधान के अनुच्छेद बाँचो
आदमी की तरह देश में रहना सीखो
जाति के अहंकार में अब मत नाचो।
दिमाग़ से ख़ारिज करो वेद की वे भेद मूलक ऋचाएँ
समाज में भेदभाव की लकीर, दोबारा मत खींचो।

सुनो ब्राह्मण
अब भुलाना ही होंगे, हमको–तुमको पुराने वे सभी गिले–शिकवे।
आओ, अब मिल–बैठकर प्रेम और सद्भाव की बातें करें
इसी मिट्टी से हम–तुम पैदा हुए
अब न छल–प्रपंच की बातें करें
हमारे साथ, करो तुम भी ऐलान
स्वर्ग–नरक झूठे सब,
आओ अब ज्ञान–विज्ञान की बातें करें।
देश का रुतबा बढ़े, परदेश में भी
आओ सब मिल, देश के उत्थान की बातें करें।
तुम्हारे मिशन सारे हवाई साबित हो चुके हैं–
आओ अब 'अम्बेडकर' के मिशन की बातें करें।
वक़्त की इबारत को पढ़ो
वक़्त ज़्यादा नहीं है–
अब न देश में फिरकापरस्ती की बातें करें।
कल चले थे जो, मंज़िल पर पहुँचने को हैं–
लौट कर पीछे न मुड़ें पैर अपने
संग–संग सरपट दौड़ने की बातें करें।
हम सदियों से सफ़र में हैं–
मुकाम तक पहुँचे नहीं,
मिलकर मंज़िल का पता ढूँढ़ें,
अब न भाग्य–भगवान की बातें करें।

हमारी मुसीबत में कब काम आये
ये देवी–देवता तुम्हारे
हम इन्सान हैं, इन्सान की बातें करें
पुराने नफ़रत के जख़्मों को जल्दी ही भरें
प्रेम और सद्भाव की बुनियाद को धरें।
भारत पर आयी इस मुसीबत को हरें।

एवरेस्ट

दलित हूँ मैं
आदिवासी हूँ मैं
लेकिन
सबसे पहले भारतवासी हूँ मैं।
मुझे गर्व है–
मैं भारत का सच्चा सपूत हूँ।
निवाले का भले ही न हो जुगाड़
पर मानवता का मैं ही तो दूत हूँ
हुआ करती थी उन्हें कभी मेरी परछाईं से घृणा
अब न मैं इस देश में अन्त्यज–अछूत हूँ।
हर मुश्किल में खरा उतरा हूँ
मारा गया हर बार ही मुझे
फिर भी नहीं मरा हूँ।
हौसला जीने का अब भी नहीं छोड़ा
मैंने ही चाँद से अमृत निचोड़ा
मेरी राह में जालिमों ने
अटका दिया 'जाति' का रोड़ा
मज़बूती से पकड़े रहा फिर भी
मैं अपने हाथ में हथौड़ा।
अजन्ता, ताज, खजुराहो
ये सब मेरे श्रम की ही निशानी हैं

फिर भी मेरे हिस्से में ग़मों की राजधानी है।
मुझे पता है
यह किसकी कारस्तानी है।
बहता हुआ दरिया हूँ मैं
बूँद–बूँद जुड़कर समन्दर बना हूँ
धरती की छाती पर एवरेस्ट सा तना हूँ।

पक्का इरादा

आओ सब मिल बैठ कर
मुल्क के मौजूदा हालात पर विचार करें
गाँव–गली, हर मुहल्ले में
मानवता का प्रचार करें
जातियों का 'ज्वार' ज़ोरों पर है
आओ इसका उपचार करें।
ऊँची जाति का है गुमान जिनको
उन्हें औकात पर लाना है
चौके में साथ–साथ मिल–बैठ कर हमको खाना है
हमें देश से छुआछूत का भूत भगाना है
भगाया था जिस तरह से फिरंगियों को हमने
उसी तर्ज़ पर अब ब्राह्मणवाद को भगाना है
गुमनाम यों ही पड़े हुए हैं अब तक जो
उन्हें सम्मान से जीना सिखाना है
ख़ूबियाँ बहुत सी हममें हैं यारो
ख़ामियाँ अब दूर कर ज़माने को दिखाना है
महाभारत, भारत में होता रहा अब तक
भारत को अब सचमुच में भारत बनाना है
देश को लूटने की होड़ उनमें मची है–
हमें अब देश की आबरू–इज़्ज़त बचाना है
देश पर मर मिटने वालों में नाम अपना लिखाना है

कर लिया पक्का इरादा आज हमने
जातियों का अस्तित्व जड़ से मिटाना है
हर हाल में देश को ख़ुशहाल बनाना है
तिरंगा फहराने अब लाल किले पर जाना है,

महाकवि

जब जैसा मौसम हो
वे तब वैसा ही गाते–गुनगुनाते हैं
हो–हल्ला मचाते हुए
महफिल में आ जाते हैं
कवियों में महाकवि कहलाते हैं
ख़ाली पेट वालों से परहेज है इनको
भरे पेट वालों का दिल बहलाते हैं।
कविता में भाव विभोर करने वाले भाव सब लाते हैं
पर ख़ुद में बदलाव नहीं लाते हैं
अतीत का गौरव ही रात–दिन गाते–गुनगुनाते हैं
वर्तमान से हरदम ही जी चुराते हैं।
नदी, पर्वत, समन्दर पर लिख–लिखकर कविताएँ
भारी हो–हल्ला मचाते हैं
ख़ुद हैवानियत से भरा है आचरण इनका
हमें इन्सानियत का पाठ अपनी कविता में पढ़ाते हैं।
जाति के अखाड़े में जमे हैं ज़माने से लेखनी लेकर
ऊँची 'जाति' का रौब हम पर अब भी जमाते हैं
लिखने–लिखाने का दम्भ पाले हैं ये
पर हक़ीक़त यह है–
साहित्य में 'वर्ण' का चक्का घुमाते हैं।
नाम सुनते ही 'दलित साहित्य' का

आकाश को 'सर' पर उठाते हैं
चेतना चली जाती है रसातल में
जब हम 'जूठन' पढ़ते–पढ़ाते हैं
बेचैनी बढ़ने लगती है
'बेचैन' की किताबें पढ़कर,
'धर्मवीर' का नाम सुनते ही
भारी मुसीबत में फँस जाते हैं।
'हंस' पर मारते हैं–दंश हर रोज़ ही
ये विध्वंस सारे मुल्क में मचाते हैं
बचाते फिर रहे हैं, वजूद अपना ये 'वर्णवादी'
रच षड्यन्त्र आपस में ही हमको लड़ाते हैं
लिखते हैं हम पूरे होशो–हवास में अपनी दास्तान
फिर भी 'स्नेही' को ये बड़ी मुश्किल से पचाते हैं।
मंच पर देखकर हमारी जमात को
गड़बड़ा जाता है, इनका गणित,
होश खो देते हैं, तैश में आ जाते हैं।

भारत का संविधान

हम कर दिये गये थे,
तुम्हारी व्यवस्था में,
काट–छाँट कर बहुत छोटे
इतने छोटे कि
कुत्ता हमसे बड़ा हो गया
तीन पैर के बल खड़ा हो
धार मार कर मूतता रहा वहाँ
जहाँ तुम्हारी बीवी हर रोज़
चढ़ाती है लोटा भर जल
और जलाती है सुगन्धित अगरबत्ती
हम टुकुर–टुकुर दूर खड़े ताकते रहे,
कुत्ते रोज़–रोज़ मूत कर भागते रहे।
तुम्हारी व्यवस्था को स्वीकार नहीं थी
हमारी आज़ादी
हमें करनी पड़ी सदियों तक, तुम्हारी ख़ुशामद।
तुम्हारी बीवी की गोद में
विदेशी कुत्ता उछलता रहा
तुम्हारा शास्त्र हमें लगातार छलता रहा
यह सिलसिला सदियों तक यों ही चलता रहा
तुम्हारे चौके तक वही कुत्ता
बेरोक–टोक टहलता रहा।

जानवर होकर भी
'गाय' तुम्हारी माता बनी रही
हम इन्सान थे
चौपाये से भी मात खा गये
गाँव के बाहर चूहड़े–चमार बन कर आ गये।
हम हगते–मूतते हैं–
तुम्हारी ही तरह
अपनी बीवी से इश्क़ फरमाते हैं
तुम्हारी ही तरह औलाद भी दुनिया में लाते हैं
तुम्हारी ही तरह हमारे बाल–बच्चे भी
रोते–चिल्लाते हैं
हम भी तुम्हारी ही तरह तीज–त्योहारों पर
गाते–गुनगुनाते हैं
तुम्हारी ही तरह बरसात में भीगने का सुख लूटते हैं।
तुम्हारी ही तरह अनहोनी होने पर
रो–रो कर छाती कूटते हैं।
रूठते हैं तुम्हारी ही तरह
हम भी कभी–कभार अपनों से
हम को भी मोहब्बत है सुनहरे सपनों से
पर हाय! हम आदमी होकर भी
पशुओं से हार गये
'मनु' तुम्हारे, हमको मार गये।
मुद्दतों के बाद अब हम
'छूने' के क़ाबिल हुए हैं
हर मुकाम पर तुम्हारे मुक़ाबिल हुए हैं
हमारा भी हल्ला हो गया
अब सारे जहान में
अव्वल रहे हम–तुम्हारे
हर इम्तिहान में

चर्चे अब होने लगे
हमारे भी जर्मनी–जापान में
हम भी आदमी हो गये
अब भारत के संविधान में।

दलित साहित्य की बुनियाद

'जागेश्वर' की जमात वाले
ज़रा भी शर्म नहीं करते
यह कहते हुए कि–
वे क्यों नहीं लिख सकते–
'दलित साहित्य'?
वे यह कभी नहीं कहते, अपनी जागी हुई जमात से,
कि पण्डित–ठाकुर क्यों नहीं लगा सकते,
सड़क पर झाड़ू, बनिए क्यों नहीं गहरे तक डूबकर कर सकते
चोक हुए सीवर की सफ़ाई,
क्यों नहीं टाँक सकते फुटपाथ पर बैठकर
दो–ढाई रुपये में गन्दगी सने जूते
क्यों नहीं कर सकतीं
तुम्हारी माँ–बहनें दूसरों का मैला साफ़,
बाई बनकर क्यों नहीं जा सकतीं–
मुँह अँधेरे में दूसरों के घर जूठे बर्तन माँजने,
क्यों नहीं कर सकतीं, तपती दुपहरी में ईंट भट्टे पर काम
क्यों नहीं बन सकतीं, मन्दिर में देवदासियाँ?
सुनो, गौर से सुनो
जागेश्वर की जमात वालो
तुम क्यों नहीं लिख सकते हो
दलितों की भाँति सच्ची आत्मकथा–

जिसमें अपने–बाप–दादों के कर्मों–कुकर्मों का कच्चा चिट्ठा हो।
दिल पर हाथ रखकर सच–सच बताओ जागेश्वर–
दलित, क्यों नहीं बन सकते जगन्नाथ के पण्डा?
बद्रीनाथ मन्दिर का पुजारी क्यों नहीं बन
सकता है कोई दलित–आदिवासी?
क्या अड़चन है–गंगाघाट पर पण्डों का धन्धा चलाने में
क्या हर्ज है? मन्दिर का घण्टा हिलाने में
क्या फ़र्क़ पड़ जायेगा ठाकुर जी को भोग लगाने में
क्या मुसीबत है दलितों का यज्ञवेदी पर बैठने में
मुफ़्त के हज़ार रुपये ऐंठने में।
क्यों नहीं बैठ सकते स्वर्ण सिंहासन पर काशी के डोम
क्यों नहीं शंकराचार्य बन सकती हैं
दलित सन्तानें।
क्यों नहीं लग सकते कुम्भ में हमारे अखाड़े,
क्यों तुम्हारे ही क़ब्ज़े में सारे रजवाड़े
तुम्हारे ही माथे पर क्यों सजते हैं चन्दन के चिह्न
गोल–गोल, सीधे और आड़े
रैनबसेरों में क्यों कटते हैं हमारे ही जाड़े।
घोड़ी पर क्यों नहीं चढ़ सकता है
कोई दलित दूल्हा
अछूत कैसे बन गया हमारा चूल्हा।
क्यों नहीं बना सकते हैं
हरियाणा के वाल्मीकि भाई, जाटों की तरह पक्के मकान,
क्यों नहीं कर सकते हैं–श्यौराज के बेटे
तिलकधारी रंगबिहारी की बेटियों से शादी
और यह भी बताओ
क्यों नहीं बन सकते हैं–ओमप्रकाश वाल्मीकि,
साहित्य अकादमियों के अध्यक्ष

क्यों नहीं सजा सकते हो तुम, अपने ड्राइंगरूम में
हमारे बाबा साहब की सुन्दरतम फोटो....?
आख़िरकार बताओ तो क्या है तुम्हारा मोटो...?
तुम बताओ तो
आख़िर क्यों नहीं निभा पाये,
किसी भी दौर में अपना इन्सानी फ़र्ज़?
क्यों नहीं चुका पाये
इस माटी का क़र्ज़? क्यों हर दौर में जिए बन कर ख़ुदग़र्ज़,
तुम मर्ज़ क्यों नहीं पकड़ पाये,
भारत की इतनी बड़ी जमात का
सदियों तक दूल्हा बनकर मज़ा लूटते रहे बारात का।
तुम्हारा इतिहास रहा घात–प्रतिघात का।
साहित्य लिखते रहे
बसन्त और बरसात का
रस ले–लेकर उछल–कूद करते रहे
कान्हा से राधा की मुलाकात का।
बात का बतंगड़ बनाते रहे
तुम्हारे पूर्वज हर दौर में
रच–रचाकर छन्दों–प्रबन्धों में
काने राजा बने रहे अन्धों में।
विद्यापति बनकर बनाते रहे दूसरों को उलूक
दरबारों में बने रहे सदियों तक यों ही मूक
तुम कह नहीं पाये कभी अपनी बात दो टूक।
बिकते रहे एक–एक अशर्फ़ी में
तुम्हारे केशव–बिहारी और पद्‌माकर
वे नहीं खेल पाये ढंग से अपनी साहित्यिक पारी।
आइए, हमारे मोहल्ले में आइए, सूअरबाड़े में कुछ दिन बिताइए
नाक पर रूमाल मत लगाइए।

राजू सोनकर के चूल्हे पर पक रहा
सूअर का माँस खाइए। अपने कन्धों पर अपना बचपन उठाइए।
ज़मीन पर बैठकर लकड़ी पर बसूला चलाइए
आइए, कुछ दिन चमार–भंगी बनकर तो देखिए
सारी ठकुरई पर पानी फिर जायेगा।
पण्डिताई का सारा हुनर बिखर जायेगा।
फिर कोई भी तुमसे हाथ न मिलायेगा।
तुम्हारा छुआ भी फिर कोई नहीं खायेगा।
कुत्ते की तरह दूर से ही तुम्हारा सगा
मामा तक तुमको अपने घर से भगायेगा।
तुम्हारा नाना भी तुम्हारे नज़दीक न आयेगा।
ऐसे में तुम्हारा साढू भी साथ न निभायेगा
कोई भी तुम्हारी इस मुसीबत में
हाथ न बँटायेगा।
हर कोई तुमसे पिण्ड छुड़ायेगा...
ताने दे–देकर हर कोई तुम्हारी हँसी उड़ायेगा....।
तब कहीं जान सकोगे
दलित होने की भयावह पीड़ा,
तब कहीं चख सकोगे
स्वानुभूति का असली स्वाद
फिर न बढ़ाओगे कभी
हमसे, हमारी जमात से
बेमतलब का साहित्यिक विवाद
ख़ुद ही जान जाओगे
दलित साहित्य की बुनियाद।
दूर हो जायेगी तुम्हारी हर फरियाद
जागेश्वर! जागे कि सो गये
अरे! किस दुनिया में खो गये?

पण्डित का पोता

सुनो कामरेड
सच–सच बतलाना
दायें–बायें गर्दन मत घुमाना
साफ़–साफ़ बोलना
बिल्कुल न हकलाना।
सुनो, ध्यान से सुनो–
वामपन्थ भारत की धरती पर, क्यों वेदम–बीमार हुआ?
हनक शेर सी थी अतीत में, फिर वह अब कैसे रँगा स्यार हुआ?
तेरे हाथ–पैर थे आदिवासी, फिर उनसे क्यों कमतर व्यवहार हुआ?
बन्धु–बान्धव रहे नक्सली तेरे, उन पर फिर क्यों अत्याचार हुआ?
मार्क्सवाद के उस तबके को, टाटा से अब क्यों प्यार हुआ?
तेरी वेज़ा करतूतों से वहाँ बंग में, क्यों घर–घर हा–हाकार हुआ?
साढ़े–तीन दशक का राज तुम्हारा, कैसे क्यों कर बण्टाढार हुआ?
हरीभरी थी फ़सल जहाँ पर, वहाँ कैसे खर–पतवार हुआ?

श्रम से जिसका नहीं वास्ता कोई, वह क्यों पोलित ब्यूरो का सरदार हुआ?
महासचिव के पद पर अब तक, क्यों नहीं कोई धोबी–ध ारिकार हुआ ?
राय न मानी भीमराव की, ऐसा क्यों हर बार हुआ?
धार कुन्द हुई क्यों कुनबे की, आपस में क्यों दो–चार हुआ?
समझो तो समझायें तुमको, क्यों 'वाम' विवश लाचार हुआ?
वर्गवाद की हठ पकड़ी है, जाति–वर्ण पर नहिं सुविचार हुआ।
जाति–वर्ण की जटिल पहेली बिन सुलझाये, नहीं किसी का बेड़ा पार हुआ।
इस उलझन को सुलझा लो तुम, यही नेक उपचार हुआ।
जड़ता की जड़ जाति–वर्ण है, अब तक का यह सार हुआ।
शूद्र ब्रह्म के पैर से उपजा, ऐसा नितही झूठ प्रचार हुआ।
पूजनीय है पण्डित अभी यहाँ पर, इसका नहीं कभी प्रतिकार हुआ।
जहाँ देखिए यही दिखेंगे, यही लिखेंगे, हर दल ही इनका परिवार हुआ।
दरकिनार कर दे जो इनको, मन से नहीं कोई तैयार हुआ।
पण्डित का पोता ही हरदम, वामपन्थ का खेवनहार हुआ।

बन्द अकल का ताला

सुनो कामरेड
ध्यान से सुनो
मज़दूरों से जो तुम्हारा किताबी रिश्ता है–
उसे अब आपस में रोटी–बेटी से जोड़िए
'वर्ण' की बेड़ियों को जल्दी ही तोड़िए
मार्क्सवादी फिलॉसफ़ी को
अम्बेडकरवादी दर्शन की ओर मोड़िए
संविधान की किताब को मन से ख़ुद ओढ़िए
समता के सारे रस को
वामपन्थी–बाल्टी में जल्दी ही निचोड़िए
विषमता के विष घट को फोड़िए।
बहुत बहस कर चुके हो 'वर्ग' पर
आये ही नहीं कभी 'जाति–वर्ग' से वर्ण पर।
कभी चर्चा ही नहीं की एकलव्य और कर्ण पर
इस देश में और कोई नहीं है,
हमारी छाती पर मूँग दलने वाला
हमारा शोषक है–
'मनुस्मृति' पर चलने वाला
ठाकुर–ब्राह्मण, बनिया, लाला।
'कार्ल मार्क्स' की उस थीसिस से
नहीं है–कोई हल निकलने वाला
अब तो खोलो यार,
अपनी बन्द अकल का ताला।

चेतराम चौबे

चेतराम चौबे शहर से अभी–अभी
लौटा है, पढ़–लिख कर गाँव में
ज़िन्दगी के गुर सीखने लगा
अपने पुरखों की छाँव में
फिर से ताकत आ गयी
उसके पाँव में।
घर से बाहर निकलते ही
सब उसे पण्डित जी पाँव लागूँ, गोड़ लागूँ–
करके प्रणाम करते हैं।
कुछेक दलित अब भी उसके घर, बेगार में काम करते हैं
जी हजूरी करते हुए रोज़, सुबह से शाम करते हैं,
गाँव में आकर चेतराम, अकूत ताक़त से भर जाता है,
उसका पण्डिताऊ वजूद उभर आता है।
उसके अन्दर का शहराती कामरेड
दो दिन में ही मर जाता है, गाँव में आकर कार्ल मार्क्स का
नशा उतर जाता है।
अब अकड़ कर गाँव में निकलता है–
चतुर्भुज चौबे का पड़ पोता–चेतराम चौबे
गाँव की सँकरी गलियाँ
चेतराम के दो–चार फेरों से,
अब और सकरी होने लगीं

उसके ज़हन से मार्क्सवादी स्मृतियाँ खोने लगीं।
अब वह चेतराम चौबे होकर
फिर से अपनी चोटी बढ़ाने लगा
जनेऊ को कन्धे पर फिर से चढ़ाने लगा
गाँव वालों को आपस में लड़ाने लगा।
मनुस्मृति को गाँव में पढ़ाने लगा।
तोड़ लिया नाता उसने कामरेडी जमात से
उसने अब मान लिया है–
शूद्र सारे पैदा हुए ब्रह्मा की लात से
चिढ़ उसको होने लगी समता की बात से
सबको उसने नीचे रखा बाँभन की जात से।
सारे गाँव में चौबे की मैली चादर तन गयी
मानवता गन्दगी में सन गयी
चेतराम की वापसी से गाँव की चौहद्दी में
मनुस्मृति की प्रयोगशाला बन गयी
तुलसी और कबीर में फिर से जंग ठन गयी
छुआछूत की छतरी गाँव में फिर से तन गयी।
21वीं सदी, गोबर में सन गयी।

शंखधर शास्त्री का नाती

सुनो कामरेड
तुम्हें एक खुफिया ख़बर सुनाता हूँ
एक रहस्य से पर्दा उठाता हूँ
तुम्हारे दल में जो प्रभुनाथ पाण्डे है–
वह बड़ा ही ढीठ और काँइयाँ है
दोगला है–उसका चरित्र
वह नहीं है–किसी का भी मित्र।
भारी उत्पाती है--खुरापाती है
बड़ा ही विश्वासघाती है
नैनी के शंखधर शास्त्री का नाती है।
उसकी कथनी–करनी में कोई मेल नहीं है।
उसको समझ पाना कोई खेल नहीं है,
तुम्हारे मंच पर बाँभनों को गरियाता है, ख़ूब रंग जमाता है
शास्त्रों की खिल्ली उड़ाता है
क्लास में मुक्तिबोध पढ़ाता है
राम भक्तों को चिढ़ाता है।
वही प्रभुनाथ पाण्डे
परसों–'परशुराम जयन्ती' के एक बड़े जलसे में
ठाकुरों की बखिया उधेड़ रहा था
अपनों को छोड़ कर सबको बाहर खदेड़ रहा था
उसका दादा, भगवा लिबास में

मंच पर आसीन था
पूरा पण्डाल परशुराम में लीन था
प्रभुनाथ पूरी तरह अपने पूर्वज के अधीन था
देखनेवालों के लिए, यह बड़ा ग़ज़ब का सीन था।
ऐसे ही पिछले साल, बनारस के
'तुलसीघाट' पर
घुसा पड़ा था अपनी घरैनी को ले कर
पण्डित से पूजा कराई थी पाँच सौ एक देकर।
वहीं पर उसका सगा साला 'कलाबा' बाँधे
काँवरियों को पूड़ी खिला रहा था,
शाखा के लिए नेकर सिला रहा था,
शिव के जयकारों में अपना स्वर मिला रहा था।
अपने सगे मौसा को एम.एल.ए. का टिकट दिला रहा था
और इसी दशहरे के दिन उसका सगा साढू
नागपुर के भगवा भवन में झाड़ू लगा रहा था
बड़ा ही जुगाड़ू है–प्रभुनाथ का कुनबा
सब तरफ़ रखे रहता है अपना हाथ।
मौक़ा देखकर अपना स्वर बदल लेता है
यही तो हमारे देश का असली नेता है।
और यहाँ आपके वामदल में भी, प्रभुनाथ का रुतबा
अच्छा–ख़ासा है
बताइए कामरेड, यह क्या तमाशा है?
वामपन्थ की यह कौन–सी परिभाषा है?

लोकतन्त्र और कम्युनिस्ट

जिस देश में सत्ता और समाज पर
वर्चस्व हो ब्राह्मणों का
उस देश में 'लोकतन्त्र' नहीं पकड़ पाता है–
तेज़ रफ़्तार।
वर्ण व्यवस्था की गिरफ़्त में आया समाज
आज़ाद नहीं हो पाता है–जाति की बेड़ियों से
मसल दिया जाता है समता के पौधे को रगड़ कर मनुवादी ऐड़ियों से।
हिन्दू समाज, जाति के कैदखाने में सदियों से बन्द है–
यहाँ केवल मनुवादियों का ही आनन्द है।
नहीं फल–फूल सकता है–
ब्राह्मणों के वर्चस्व वाले मुल्क में
कम्युनिस्टों का कारोबार।
नहीं हो सकता है–सच्चा कम्युनिस्ट
कोई भी ब्राह्मण।
किसी की सोहबत में पड़ कर
तीस–चालीस साल भले ही बना रहे
कोई 'सवर्ण'–'कामरेड'
पर पचपन के पार जाते ही
अपने तार फिर जोड़ने लगता है
अपने ही रक्त सम्बन्धियों से

बिछुड़े हुए दामाद और समधियों से
लिपट जाता है भावुक हो कर
जैसे कोई बिछुड़ा हुआ सदियों से।
जल्दी ही उतर आता है अपने पुराने पण्डिताऊ रोल में
फिर घुस जाता है–वर्ण और जाति की खोल में।
दिखने लगता है फिर उसे अपनी बूढ़ी आँखों से
स्वर्ग का सुख।
पुनर्जन्म, भाग्य–भगवान पर खुलकर बतियाने लगता है
हथियाने लगता है अपनी खोयी हुई पुरानी विरासत को
तिलांजलि देने लगता है–हँसिया–हथौड़ा की सियासत को।
बुड्ढा कामरेड–
'लाल सलाम' करना छोड़ देता है
लाल कपड़े में बँधी तुलसी की रामचरितमानस को
मधुर स्वर गाने–बजाने लगता है
सोमनाथ–बद्रीनाथ आने–जाने लगता है
इलाहाबाद के पण्डों से हाथ मिलाने लगता है
अपने पूरे परिवार को ओरछा के 'रामराजा'
का चरणामृत पिलाने लगता है।
इसीलिए अम्बेडकर साहब
बहुत पहले ही कर गये थे आगाह
–'नहीं हो सकता है
कोई भी ब्राह्मण
सच्चा कम्युनिस्ट'
नहीं कर सकता है–किसी भी हालत में
वह अपनी 'क़ौम नष्ट'।

कविता का लोकतन्त्र

लोकतन्त्र में
सत्ता के सूत्र–जनता के हाथ में होते हैं
'हाथ' हो या 'हाथी'
इसका निर्णय करता है–'लोकमत'।
जनता मज़बूत हो जाती है
लोकतन्त्र में।
कमज़ोर, बहुत कमज़ोर हो जाता है
पण्डितों का सुनियोजित पाखण्ड।
राजतन्त्र में मज़बूत होते थे
बहुत मज़बूत होते थे
राजे–महाराजे,
पण्डित–पुजारी, शास्त्र–शास्त्री और भगवान।
लोकतन्त्र में पाँसा पलट जाता है
या यों कहें कि
तख़्ता पलट जाता है
तख़्ती पलट जाती है।
भारत में यह तख़्ता पलट
सन् पचास में हो चुका है।
अब राजा, महारानी के पेट से नहीं
बूथ में रखी मतपेटी से पैदा होता है
और इसकी कुल उम्र भी

बमुश्किल होती है पाँच साल।
साहित्य में अभी शास्त्र और शास्त्रियों का
बोलबाला है–
अभी यहाँ बहुत गड़बड़ घोटाला है
साहित्य में अभी लोकतन्त्र आना शेष है
साहित्य में भी तो एक पूरा महादेश है।
साहित्यिक मठाधीश
कभी नहीं सुनते आम जनता की आवाज़।
भूखे पेट–अधनंगे नौजवानों को
भक्तिरस पिलाया जा रहा है।
श्रृंगार के नाम पर अश्लीलता का मादक ज़हर
खिलाया जा रहा है–
विद्यापतियों को उच्चासन दिलाया जा रहा है
सैकड़ों सालों से छाती पर मूँग दली जा रही है–
सौन्दर्यशास्त्र के नाम पर
छन्द रचे जाते रहे औरत के गोरे चाम पर
महफिलें सजती रहीं मधुशाला के जाम पर
देश को गुमराह किया गया हर मुकाम पर।
ज़रूरी हो गया है एक लोकतन्त्रात्मक देश में
सभी हल्कों में बदलाव लाया जाये
साहित्य की दुनिया में आम आदमी को लाया जाये
पण्डित–पुजारियों को लोकतन्त्र का मतलब बतलाया जाये
भगवान को साहित्य से दूर,
बहुत दूर भगाया जाये।
अपने निजी अनुभव,
अपनी पीड़ा–अपना दर्द
क्या स्त्री क्या मर्द
सब अपने–अपने सपने रचें बेरोकटोक साहित्य में।
दलित साहित्यकारों और

स्त्रियों ने साहित्य में लोकतन्त्र कायम करने की बुनियाद धर दी है
इस मुहिम ने मठाधीशों की नींद हराम कर दी है।
वे नहीं चाहते साहित्य में लोकतन्त्र लाया जाये
'स्त्री–दलित आदिवासी साहित्य' विश्वविद्यालयों में पढ़ाया जाये।
ऊँच–नीच के जन्मदाता इन्हीं के दादे–परदादे थे
वर्णव्यवस्था इस 'देश के कमज़ोर कन्धों पर लादे थे
बहुसंख्यक जन तो बस इनके प्यादे थे
मौज में केवल अकबर–बीरबल के शहज़ादे थे।
एक–एक दोहे पर सौ–सौ अशर्फ़ी के वादे थे।
हाथी के पैरों तले रौंदे गये
लीक से हटकर लिखने वाले
'सच' कहने वालों के मुख पर जड़ दिये गये थे
'अलीगढ़ के ताले'
सारा साहित्य था–भाटों–भाँड़ों के हवाले
नायक थे मथुरा में रास रचाने वाले।
अब आकर ही रहेगा
साहित्य में– 'लोकतन्त्र'।
प्रगतिशीलों की पहल पर
अब यह कविता–कहानी में पैर ज़माने लगा है
चमरौटी और सूअरबाड़ों में अपना असर दिखाने लगा है
साहित्य अकादमियों के दरवाज़े खटखटाने लगा है
झुग्गी–झोपड़ी में सुस्त पड़े–अलसाये दलित वोटरों को जगाने लगा है
भाटों–भाँड़ों को मंच से भगाने लगा है।
मेरे गाँव में अभी–अभी आया है
कविता का लोकतन्त्र
रच रहे हैं मिलकर गाँववाले

एक अच्छे आदमी को।
उस आदमी को, जो चुनाव में वोट डाल कर
चुनता है गाँव की ख़ुशहाली के लिए 'सरपंच',
विधान सभा के लिए विधायक
और संसद के लिए सांसद।
साहित्य में जब तक लोकतन्त्र नहीं लाया जायेगा
तब तक पोंगा पण्डित–पुजारी ही पूजा जायेगा।
वह खायेगा पहले की ही तरह मुफ़्त का माल
भाग्य और भगवान की लेकर के ढाल
चलाता रहेगा रामायण–गीता की मनुवादी चक्की
पीसता रहेगा सवा अरब लोगों को।
कविता में लोकतन्त्र के आते ही उसका
पाखण्ड उजागर हो जायेगा
वह फिर मुफ़्त की नहीं खायेगा
वह भी खाने–कामने के लिए
हमारी ही तरह
हाथ–पैर चलायेगा
अपने घर का चूल्हा ख़ुद जलायेगा
निठल्ला होने पर करेगा 'नरेगा' में
सौ रुपये रोज़ पर हमारी ही तरह मज़दूरी
तभी तो होगी, दूर,
आपस की दूरी।
इस आपस की दूरी को मिटाना है बेहद ज़रूरी
है ज़रूरी खेत का मालिक
ख़ुद ही खेत में हल चलाये
अपने तन को क्वार की तेज़ धूप में जलाये
अपने खेत की मेंड़ पर भी लोकतन्त्र लाये।
किसी क्रान्ति से कम नहीं हैं
कविता में लोकतन्त्र आना।

सहानुभूति में उपजी थी
इस देश की पहली 'कविता'
जिसको रचने वाला आर्यों का पूर्वज था
और अब 'स्वानुभूति' में
रची गयी इस देश की पहली 'कविता',
इसको रचने वाले हम सब अनार्य हैं।
हमारे ही बोधिसत्व बाबा साहब
डॉ. अम्बेडकर ने रचा है जिस तरह से
इस देश का संविधान
जिसके कारण कायम हो सका है
भारत में लोकतन्त्र
इसी तरह हमारी रची हुई कविताएँ
ला रही हैं–साहित्य में 'लोकतन्त्र'।
देख लेना एक दिन साहित्य में भी
आम आदमी की सत्ता कायम होकर के ही रहेगी
समानता की सरिता हमारी ही लेखनी से बहेगी
दुनिया हमारे इस योगदान को हर चौराहे पर कहेगी
मठाधीशों की मठाधीशी अब जल्दी ही ढहेगी।

आरक्षण अपना-अपना

इस मुल्क में दलितों और ललितों
को अलग–अलग आरक्षण प्राप्त हैं।
उनके वे पारम्परिक आरक्षण
थोड़े–बहुत हेर–फेर के साथ
अब भी चल रहे हैं
देश की सत्ता और सम्पत्ति को
निगल रहे हैं।
ललितों के बाल–गोपाल
स्मृतियों के साँचों में ढल रहे हैं
मन्दिरों–शिशुमन्दिरों में पल रहे हैं, हिन्दुत्व पर उछल रहे हैं
उनके आरक्षण के आधार अद्‌भुत और विचित्र हैं
गोबर गणेश भी पवित्र हैं
वे भगवान के सगे–सम्बन्धी और मित्र हैं।
उनकी व्यवस्था में हमें आरक्षण प्राप्त है–
नरक में नौकरी में नगर पालिका में
एक बत्ती कनेक्शन में पंचायत के इलेक्शन में
फोर्थ क्लॉस के सिलेक्शन में
बंजर जोतने में, सफेदी पोतने में...।
उनके लिये आरक्षण प्राप्त हैं–
चाय की दुकान में, किराये के मकान में
खेत में खलिहान में अभियान में अभिमान में

विमान में मान–सम्मान में
पोथी में पत्र में भाँवर में समाज में
रीति–रिवाज में कम्पनियों के ब्याज में
जीने के अन्दाज़ में
तिलक में तराजू में किसमिस और काजू में
जनेऊ में जागीर में ज़मीन में फ़िल्मों के सीन में
पुजने में पूजन में भजन में भोजन में
दक्षिणा में दान में वरदान में आसन में राशन में
शासन में प्रशासन में सिंहासन में...।
इन्होंने हमें पारम्परिक आरक्षण दिये हैं
जिनके सहारे हमारे पूर्वज सदियों तक दासों की ज़िन्दगी जिये हैं।
वे अब भी यही चाहते हैं--
मैला ढोइए घूरे पर सोइए फुटपाथ पर रोइए
गन्दे कपड़े धोइए अपनी अस्मिता–आबरू खोइए
मुर्दे जलाइए झाड़ू लगाइए बच्चे जनाइए घड़े और टोकरी बनाइए दादरे गाइए सूअर चराइए
मरे ढोर–डंगर उठाइए जूठन खाइए
बाल बनाइए पतरी बनाइए बुलउआ लगाइए
पालकी उठाइए शंख नहीं रमतूला बजाइए
अपने बीवी–बच्चों को उनकी सेवा में लगाइए
मालिक के जूता खाइए
जाइए–जाइए–ठाकुर के खेतों में हल चलाइए
हड़ताल पर मत जाइए हलचल मत मचाइए
अपने को उनकी सेवा में लगाइए
महल–हवेली को प्रकाशित करने की ख़ातिर
ख़ुद को मोमबत्ती की तरह जलाइए
उनकी व्यवस्था को मनुस्मृति के अनुसार चलाइए।
मनुवादी वर्तमान आरक्षण से बेहद नाराज़ हैं

उन्हें स्वप्न में भी अच्छा नहीं लगता
दलितों का उभार
वे हिंसा और आगजनी कर निकालते हैं अपना गुबार
अब भी नंगा कर गाँ में घुमाते हैं हमारी बहू–बेटियों को
लूट ले जाते हैं मत पेटियों को।
एक बात बताऊँ–
समझौता कर लीजिए–
आरक्षण आपस में बदल लीजिए
बालकों की तरह न खीजिए–
आप मैल ढोइए कपड़े धोइए गन्दगी में खोइए
फुटपाथ पर सोइए
जूठन खाइए झाड़ू लगाइए बाल बनाइए
पालिश कीजिए दान में अँगूठा दीजिए खेतों में सीजिए
सिर पर मल का टोकरा लीजिए
अपमान का घूँट पीजिए...
हमें अपने तिलक–तराजू तलवार और ताज दे दीजिए
आप अपना आरक्षण आज ही वापस ले लीजिए...।

सफ़र

आदमी
ऊब जाता है
दो–चार दिन के ही सफ़र में
चाहे वह सफ़र मौज–मस्ती के लिए ही
क्यों न हो।
एक तुम हो–
जो अब तक नहीं ऊबे–उकताये सदियों से
–गुलामी का सफ़र करते–करते।

तुम भी बदलो

रंग बदलता है
गिरगिट
मौसम को देखकर।
मौसम भी बदलता है
दिन व दिन।
बदलती हैं ऋतुएँ
पर एक तुम हो–
जो बदलते ही नहीं
साल–सदियाँ बदलने पर भी
फिर कैसे बदलेंगे
तुम्हारे ग़ुलामी के ये दिन?
लोगों ने दल बदल लिए
दीन बदल लिए
दोस्त बदल लिए
दर बदल लिए
दरबार बदल लिए
मोहरे बदल लिए
चेहरे बदल लिए...।
बदलाव देखकर तुम भी बदलो
अपने आपको
अपने समाज को।

अगर तुम नहीं बदले
तो बदल जायेगी यह सदी
और तुम्हें बहाकर ले जायेगी
गुलामी की नदी...।

तपे तपाये हैं

वे चतुर हैं
सयाने हैं
सभ्य हैं
बातूनी हैं
बड़े हैं
बिल्कुल चिकने घड़े हैं।
इनके भी अलग–अलग
धड़े हैं
ऊपर उठने को
गर्त में नीचे पडे हैं।
तपे–तपाये हैं जप–तप करते आये हैं
अखाड़ों से जुड़े हैं
हर चुनाव में लड़ने–लड़ाने को खड़े हैं
सदनों में उखरी से गड़े हैं
उखाड़ फेंको तो टुकड़े–टुकड़े होकर भी
आपस में जुड़ जाते हैं
माहौल देखकर हर तरफ़ मुड़ जाते हैं।
फैलने की अगर आगे उम्मीद ना हो तो
सच जानिए कछुए की मानिन्द सिकुड़ जाते हैं
मौक़ा हाथ लगते ही
आकाश में उड़ जाते हैं।

भू उपग्रह के ज़रिए
जनता से जुड़ जाते हैं।
ज़मीन पर चलने में लड़खड़ाते हैं
ठीक से चल नहीं पाते हैं
पर ताक़तवर हैं
बरसात में बैसाखी से लाल क़िले पर चढ़ जाते हैं
धीरे–धीरे रफ़्तार पकड़ जाते हैं
मुशर्रफ़ को झाड़ते हैं
गड़े मुर्दे उखाड़ते हैं
ख़ूब गला फाड़ते हैं।
करना–धरना कुछ नहीं
देश की छवि बिगाड़ते हैं
कभी गुजरात में चहकते हैं
कभी शिमला में बहकते हैं
कभी कश्मीर में शोला बनकर दहकते हैं
कभी लखनऊ में आकर चहकते हैं
दिल्ली में रातरानी बनकर महकते हैं
कुछ भी ख़याल नहीं रहता
कब–क्या बकते हैं।
शाम का कहा हुआ
सुबह आसानी से बदल जाते हैं
हर माहौल में ढल जाते हैं।
संवेदनशील हैं–
ज़रा सी गर्मी पाकर पिघल जाते हैं
हर महफ़िल में चल जाते हैं
अजीब सा पाखण्ड चेहरे पर ओढ़ा है
धर्म को राजनीति से जोड़ा है।
सद्भाव को बहुत पीछे छोड़ा है
देश का फिर विश्वास तोड़ा है।

आज़ादी

हमारे शहर सुन्दर और सभ्य हो गये
दंगलों में व्यस्त बंगलों के निवासी
कुर्सी पाकर भव्य हो गये
इक्कीसवीं सदी में खो गये
हमारे ज्ञानियों–विज्ञानियों ने चाँद के घूँघट हटाये
जीने के अनगिनत साधन जुटाये
हमारी प्रगति के प्रमाण हैं–
टी.वी. पर थिरकते पाँव
रोशनी से दमकते गाँव
गगनचुम्बी इमारतें, अणु–परमाणु की इबारतें
टाकीज़ों में चलते छायाचित्र
अद्‌भुत और विचित्र
उनसे भी विचित्र चौड़ी–सपाट सड़कें
सजे–धजे बाज़ार
बाज़ार और सड़कों के बीच
सिर पर मैला ढोती भारत की सन्तानें
हमें दे रही हैं ताने
तुम कितने सभ्य हो?
वाकई में भव्य हो
तुम्हारा मैला अभी भी हमारे सिर पर सवार है
तुम्हारी सभ्यता कितनी बीमार है?

तुम्हारे ज्ञान–विज्ञान को धिक्कार है
धिक्कार है!
हमारे लिए निरर्थक है आज़ादी
तुमने बदनाम कर दी बापू की खादी
तुम हुए गन्दगी फैलाने के आदी
हमें किया मज़बूर गन्दगी ढोने को
पाखाना धोने को।
बदले में मिली सदैव से ही घृणा
नफ़रत, बेइज़्ज़ती–भंगी की उपाधियाँ
क्या हमें इन भद्दी उपाधियों के साथ
ऐसे ही ले चलोगे इक्कीसवीं सदी में?
अरे! हमें भी स्नान करा दो उस सुराज की नदी में
गन्दगी जब धुल जायेगी
तब आज़ादी हमारे घर पर भी आयेगी
मेरी बिटिया भी
वन्दे मातरम गुनगुनायेगी–
इज़्ज़त की दो रोटी खायेगी।

सज़ा भर बाक़ी है

जाने क्या लिखते रहे
जंगली गुफाओं में
उनके पहुँचे हुए महापुरुष
ऋषि–मुनियों के विशेषण ओढ़कर।
अचम्भा होता है
उस दौर की
बेसिर–पैर की तुक्कड़ कहानियाँ पढ़कर
जो गढ़ी जाती रहीं एक साज़िश के तहत
परमात्मा उवाच की शैली में
धर्म के नाम पर।
अविश्वसनीय–अतार्किक और
भ्रामक, परस्पर विरोधी
रचनाएँ रची गयीं
ख़ुद परमात्मा के नाम
जिससे कल को उँगली न उठा सके
इक्कीसवीं सदी का पढ़ा–लिखा
कोई नौजवान।
खप चुका है
सब का सब रॉ मटीरियल
धर्म ग्रन्थों के नाम पर।
ख़िलाफ़त हो रही है

आज उसी कपोल–कल्पित
भ्रामक रचना संसार की
तोड़े जा रहे हैं
उस दौर के मनगढ़न्त मिथक
और रूढ़ियों के दुर्ग।
नींव हिलने लगी है
वर्णवादी विषमता के बहुमंज़िले
भवन की।
ध्वस्त हो रहे हैं पुराने मनमाने
मापदण्ड।
गिरा दिये गये ठोकर मार–मार कर
पाखण्डों के बुर्ज़।
ब्रह्माण्ड में विलीन हो गये
तथाकथित उनके ब्रह्म वाक्य।
डोलने लगा है उच्चासन
जिस पर बैठ कर हुआ करता था
ईश्वर से संवाद का खोखला दावा।
वेदों की ज़मीन पर
उगाई गयी स्मृतियों की
खरपतवार
जिसमें समाविष्ट है
तथाकथित ऋषियों का रुग्ण चिन्तन।
'वसुधैव कुटुम्बकम्' का
लुभावना नारा देने वालों ने
कर दिया हज़ार खानों में
विभक्त ख़ुद अपने ही
कुटुम्ब को।
वर्ण और जाति के नाम पर
बाँट दिया आदमी को हज़ारों टुकड़ों में।

बँटवारे के इस अवैध दस्तावेज़ पर
लगा दी ईश्वर की मोहर।
सज़ा काट रहे हैं
हज़ारों खानों में विभक्त
भोले–भाले निरपराध बहुजन लोग
कोई युक्ति नहीं दिखाई पड़ती
इन बेतुके जाति के खानों से मुक्त होने की।
भयावह दौर से गुज़र रही है
हमारी वर्तमान पीढ़ी।
'सब मम प्रिय सब मम उपजाये...'
की अवधारणा वाला देश
करने लगा ख़ुद अपने ही भाइयों
से भेदभाव
रखने लगा एक–दूजे से अस्पृश्यता का भाव।
गाय की पूजा करने वाले
आदमी से करने लगे घृणा।
जगत्गुरु कहलाने वाला देश
ख़ुद ही रह गया निरक्षर।
सन्तों के इस महादेश में
कटी रही सदियों तक
स्कूल और किताबों से
बहुसंख्यक जनता।
छटपटाती रही मानवता
शेर के पंजे तले आये शिकार सी।
समरसता चली गयी रसातल को
समता को समेट लिया गया भोज पत्रों में।
शबरी के जूठे बेर खाते रहे
तुलसी के राम।
और राम भक्त, नहाते रहे बार–बार

भूल से भी शबरी का स्पर्श
हो जाने पर।
ऐसा बीज बोया था भूदेवों ने
इस भूमि पर उस समय
कि गुजांइश ही नहीं रही
समतामूलक प्रेम के पौधे पनपने की।
गाय–गंगा के पुजारी
मानवता के हन्ता निकले।
वेश बदल कर चले गये जंगली गुफाओं में
तितर–बितर हो बैठ गये यहाँ–वहाँ
सोचे समझे बड़े–बड़े सर्वनाम लपेटकर।
बड़ी मुश्किल से आये अब गिरफ़्त में
हो चुकी है इन सब की शिनाख़्त
पेश कर दी गयी चार्ज़शीट
गुज़र चुके हैं गवाह
साबित हो चुका है गुनाह
...बस सज़ा भर बाक़ी है।

आज़ादी आज भी उनकी रखैल है

कुदाल अपनी, गेंती–फावड़े अपने
हाथ अपने, हाथों में रोटी पटेल की
रोटी से बना जिस्म पटेल का
जिस्म से जुड़े रिश्ते पटेल के
घर पटेल का आँगन पटेल का
ज़िन्दगी पटेल की
अपना केवल एक मत
मतपत्र पटेल का
मतपत्र पर छपा चिह्न पटेल का
मतपेटी पटेल की
मतपेटी से जुड़े सभी समीकरण पटेल के
गाँव पटेल का
पार्टी पटेल की
पुलिस पटेल की
अदालत पटेल की
अदालत के फ़ैसले पटेल के।
अपनी केवल एक औरत
औरत के तन पर लिपटी साड़ी पटेल की
चोली पटेल की, बिंदिया पटेल की
कजरा पटेल का, गज़रा पटेल का, पायल पटेल की
बिछिया पटेल का, रातें पटेल की, पेट में पलता गर्भ पटेल का।

अपना केवल एक चूल्हा
चूल्हे में सुलगती आग पटेल की
आग पर सिंकती रोटियाँ पटेल की
रोटियों से जुड़े पेट, पटेल के।
अपना केवल एक ईमान
धोखा पटेल का, झूठ पटेल का
व्यभिचार पटेल का
अनाचार पटेल का
अत्याचार पटेल का।
ठेका पटेल का
शराब पटेल की।
जश्न पटेल का।
गलियाँ पटेल की
गलियारे पटेल के
आतंक पटेल का।
चोर पटेल के
उचक्के पटेल के
डाकू पटेल के
गुण्डे पटेल के
भैंस पटेल की
दूध–घी पटेल का।
खेत पटेल के
खेतों में उगी फ़सल पटेल की
खलिहान पटेल के।
कुआँ पटेल का
पनघट पटेल के
मरघट पटेल के।
जमघट पटेल के।
पंच पटेल के

प्रपंच पटेल के
पंच फ़ैसले पटेल के।
चित पटेल की
पट्ट पटेल की।
गोया गाँव क़स्बों में जहाँ तक नज़र फैलाइये
काबिज़ पटेल ही पटेल है
लोकतन्त्र पूरी तरह फेल है
आज़ादी आज भी उसकी रखैल है।

हम बेहद शर्मिन्दा हैं

किसी ज़माने में जातियों ने लिया होगा जन्म
वर्ण की कोख से
सुविधा के लिए दी गयी होगी
जातियों की दुहाई
कर्म के आधार पर मिली होगी
सामाजिक मान्यता।
तब से इस देश में ज़मीन पर नहीं
जातियों में जन्म लेते हैं लोग।
जातियों में ही हँसते–खेलते खिलखिलाते
रोते–गाते बढ़ते–पढ़ते अकड़ते–झगड़ते
प्यार करते और जीते–मरते लोग हैं।
जाति ही निर्धारित करती है यहाँ आदमी की औकात
कोई जन्म से ही हो जाता है पूजनीय–वन्दनीय
कोई निन्दनीय, अस्पृश्य और त्याज्य।
अब भी कायम है जातियों का साम्राज्य।
यहाँ कर्म से नहीं जाति से महान होता है आदमी
बिछी है जाति की ओछी बिछात
इसी ओछी बिछात पर हुआ है–
हज़ार बार भारत क्षत–विक्षत
इतिहास गवाह है हमारी तबाही का।
शम्बूक ने गँवाया अपना सिर

एकलव्य ने अँगूठा
कर्ण ने सर्वस्व।
वे सम्मिलित नहीं हो सके थे द्रौपदी के स्वयंवर में
सूर्यपुत्र होने के बावजूद
सूतपुत्र की सूली पर तड़पते रहे उम्रभर।
इस दौर में भी गुज़रे हैं उसी यन्त्रणा से–कबीर–रैदास
ज्योतिबा फुले, अम्बेडकर, और हीरा डोम
किसी को भी नहीं बख़्शा जाति की इस चुड़ैल ने।
ढीला होने की जगह यह जातियों का जाल–जंजाल
अब और अधिक कसा है
जातिवाद एक ज़हरीला नशा है।
जाति के नाम पर अब और अधिक संगठित हुए हैं लोग
मज़बूती से साथ जुड़ते जा रहे हैं अपने–अपने जाति समूहों से
यहाँ जाति के नाम पर ही मिलेंगे–
मन्दिर, पुजारी, धर्मशालाएँ, स्कूल–कॉलेज, पत्र–पत्रिकाएँ
गाँव–गली, मोहल्ले–आवास, छात्रावास और छात्रवृत्तियाँ।
जातियाँ ही निर्धारित करने लगीं–हमारी नीतियाँ।
जिस जाति के जितने वोट
उसे उतना ही सपोर्ट।
टिकट मिलता है जाति को ही
वोट दिये–लिये जाते हैं जातियों में ही।
जातियों में ही बँट जाते हैं–संसाधन, मन्त्रीपद, नौकरी, व्यवसाय और तमगे।
मतदाता सूचियों में भले ही न हो जात
पर मतदाताओं पर वह सदैव चस्पा रहती है।
पहचान लेता है मतदाता भी अपनी जाति का उम्मीदवार
और चुनाव चिह्न।

डिग्री होल्डर होने के बावजूद जाति पर ही लगता है मोहर
इसीलिए अब जाति के नाम पर पार्टियाँ हैं, शिविर हैं, सेनाएँ हैं
जिस जाति का वोट बैंक जितना सबल है
आज वह उतना ही प्रबल है।
अल्पसंख्यक जातियाँ हाशिये पर चली गयीं
हर स्तर पर छली गयीं।
जाति के नाम पर बाहर से सब करते हैं थू–थू
सिकोड़ते हैं नाक–भौं
पर अन्दर से करते हैं अपनी ही जाति को दुलार
सर–आँखों पर उठा लेते हैं
अपनी–अपनी जाति के महारथियों को, गुण्डों को।
लुंचों और लफंगों को
रक्त सम्बन्धों की दुहाई देकर सींचते हैं
अपने–अपने रक्त से अपनी–अपनी जाति की बेल
जाति के रहनुमाओं के हाथ है इनकी नकेल।
दिन भर भले ही कुछ तथाकथित समझदार लोग
जाति के बाहर रह लें
पर रात होते ही जातियों में सिमट कर सो जायेंगे
जागने पर ख़ुद को अपनी ही जाति के मोहल्ले में पायेंगे।
जाति में ही खायेंगे–पियेंगे गायेंगे–बजायेंगे।
जातियों से ही जुड़ी है–गद्दी, तिलक–तराजू–तलवार
झाड़ू, रॉपी, कन्नी, बसूला, रमतूला
पण्डा–भण्डा, शंख और सत्यनारायण की पोथी।
जातियों से ही चस्पा हो चुकी अब....
सी.पी.एम.टी., पी.एस.सी.
पी.एम., सी.एम.
एम.पी., एम.एल.ए.
पंच, सरपंच, पार्षद और महापौर की

लुभावनी कमाऊ कुर्सियाँ
इसीलिए जातियाँ ज़िन्दा हैं
हम बेहद शर्मिन्दा हैं
हमसे अच्छे तो आकाश के
परिन्दा हैं।

प्रयोगशाला

भारत के गाँव
मनुवादी–ब्राह्मणवाद की प्रयोगशाला हैं
जिनमें तैयार किया जाता है
जातिवाद पर आधारित
छुआछूत का घोल
जो सौ फीसदी मनुस्मृति के फार्मूले से बना होता है
इसके लेप करने मात्र से ही
आदमियत लोप हो जाती है
बुद्धि खो जाती है, इसका रोगी दुनिया के किसी भी
अस्पताल में ठीक नहीं होता
इंग्लैण्ड, अमेरिका जाकर भी जातियों को ही ढोता।
यह रोग इलाज़ कराने से और अधिक बढ़ता है
इसका रोगी बेवजह झगड़ता है।
यह रोग पूरी तरह संक्रामक है, इसका बचाव मुश्किल है
इसके वायरस ऋग्वेद के पुरुष सूक्त में पहले पहल पाये
गये
मनुस्मृति और गीता में इनके गुन गाये गये
तुलसी के मानस में भी यह आये–गये
गांधी द्वारा भी सहलाए गए
यह वायरस बड़े शरारती और चालाक हैं
पकड़ में आने पर अपना रूप बदल लेते हैं

आदमी पर तरह–तरह से अटैक करते हैं
हाँ, थोड़ा–सा ज्ञान–विज्ञान से डरते हैं
गाँवों में स्वच्छन्द विचरते हैं।
'अम्बेडकर' का नाम सुनकर हरकत बन्द कर देते हैं
'कांशीराम' का नाम लो तो चिढ़ने लगते हैं,
आपे से बाहर होकर भिड़ने लगते हैं
'मायावती' का नाम लो तो
'बेहोशी' में चले जाते हैं
बहुत देर तक होश में ही नहीं आते हैं–
मनु की आहट पा कर फिर सिर उठा लेते हैं
गाँव के सम्पर्क में आते ही
शहर का सवर्ण पढ़ा–लिखा नौजवान भी
देहात के नब्बे साल के बूढ़े जैसा आचरण करने लगता है
भंगी चमार को छूने से डरने लगता है।
वह अपने आप को त्रेतायुग में पाता है
जहाँ आदमी, आदमी नहीं
चूहड़ा चण्डाल कहा जाता है
तपस्या करने के जुर्म में
शम्बूक का सर उड़ा दिया जाता है
भोजन के नाम पर जूठन भी
यहाँ दूर से फेंक कर दिया जाता है
पग–पग पर दलितों का बेवज़ह अपमान किया जाता है।
जब तक हमारे गाँव आबाद हैं
ब्राह्मणवाद यों ही फलता–फूलता रहेगा
लोकतन्त्र मुखिया की हवेली में झूलता रहेगा
यहाँ आकर मेम्बर या मन्त्री भी कुछ नहीं करता है
हवेली की हवा में बहता है।
हमारे गाँव मनु स्मृति द्वारा शासित हैं
गली–मोहल्ले जातियों में परिभाषित हैं।

चलो चलें, गाँव में जाकर दलित भाइयों को जगायें
उन्हें समानता का हक़ दिलायें
छुआछूत को गाँवों से भगायें।
चलो चलें जूझें
गाँव के उन उजड्ड जमींदार–पटेलों से
द्रोणाचार्य के चेलों से
पोंगापन्थी झमेलों से
वहाँ कल ही कस्तूरी का शील भंग किया है
मुखिया के आवारा शराबी छोकरों ने।
नल पर पानी भरने की जुगाड़ में
परसों बरेठा की बहू को पीटा है अहीरों ने।
खेत पर काम करने से इनकार कर देने के जुर्म में
धनीराम का सिर फोड़ दिया गाँव के भूमिहार वीरों ने।
बच्चा जनाने के कार्य से मना कर देने पर
घर जला डाला बुदुआ बसोर का
यह क़िस्सा है मंगल की भोर का।
बेताली के दोनों बेटे मार दिये ठाकुर टोले वालों ने।
स्कूल के मामूली विवाद पर
हमारे गाँव हैं इस समय उन्माद पर।
घर से जबरन उठाकर ले गये राधे लाल की
जवान बेटी को
हविश बुझाई खेतों में, फिर यों ही छोड़ दिया
जिसने भी जुर्रत की इन से टकराने की
उसके सिर को फोड़ दिया।
थाने में रिपोर्ट तक दर्ज़ नहीं हुई
प्रधान के हड़काने पर।
हमारी सरकार चुप है
मौन हुए सब दलित हितैषी
आज़ाद देश में आयी हम पर

हाय! ए आफत कैसी?
बतलाये आकर कोई हमें
क्या हमारे ये गाँव संविधान के दायरे में नहीं आते?
यह गाँव भी तो इसी भारत भूमि पर हैं
हम दलित हुए तो क्या?
विदेशी तो नहीं हैं? शत्रु भी नहीं,
इसी धरा के हम सब असली मूल निवासी हैं
भील–भिलाला, धानुक–धोबी जाटव–पासी हैं
फिर हम से यह भेदभाव का बर्ताव कैसा?
हमें भी सम्मान चाहिए तुम्हारे जैसा।

शबरी के बेर

हे राम
तुमने किस दबाव में
खा लिए थे उस दौर में
अछूत शबरी के जूठे बेर।
मनुस्मृति की व्यवस्था के
चलते हुए
वर्णव्यवस्था के पलते हुए
विश्वास नहीं होता हमारी क़ौम को
तुम्हारे इस आचरण पर।
क्योंकि हम शबरी वंशजों का
इस देश में अब भी आपके भक्तगण
जूठा तो दूर रहा–
छुआ अन्न तक नहीं खाते हैं
सह भोज में बुलाओ तो
आने से कतराते हैं।
यह इस दौर की बात है–
जब छुआछूत दण्डनीय अपराध है।
त्रेतायुग के बिल्कुल विरुद्ध
हे राम! जिसने भी आपके नाम
इतना बड़ा झूठ गढ़ा होगा
क्या उसने शम्बूक वध का प्रसंग नहीं पढ़ा होगा?

गेटपास

वे दिन हवा हुए
जब देसी शराब की एक बोतल
और सौ रुपये के कम्बल में
हम तुम्हारे बताये उम्मीदवार को वोट दे दिया करते थे
चौपालों पर तुम्हारा हुक्का भरते थे।
अब हमारा वोट बिकाऊ नहीं है
बेशकीमती और टिकाऊ है।
हम इक्कीसवीं सदी के जागरूक मशीनी मतदाता हैं
ज़रा भी गलती नहीं करते अपने मनचाहे उम्मीदवार को
जानने–पहचानने में
हमारे मुरझाये चेहरे चमक उठते हैं
अपना चिर–परिचित चुनाव चिह्न देखकर।
लगभग आधी सदी के बाद अब समझ में आया है हमें कि
यह मात्र चुनाव चिह्न ही नहीं लखनऊ और दिल्ली की
गद्दी का परमिट भी है।
अब कहीं जाकर समझ में आया हमें अपने 'बाबा साहब' की
अक्लमन्दी का कमाल
देकर गय वे हमें लोकतन्त्र को बचाने की ढाल।
मतपत्र केवल काग़ज़ का एक टुकड़ा भर नहीं है
यह तो सत्ता प्रतिष्ठानों में प्रवेश का
अमूल्य दस्तावेज़ है

गेटपास है लोकतन्त्र के विशाल परिसर का
हमारे स्वाभिमान का प्रतीक है।
बीसवीं सदी का अन्त हो गया
गाँव के आख़िरी छोर पर झोपड़ी में रह रहा परमोला भी
स्वतन्त्र हो गया
हम अडिग हैं अपने चुनाव चिह्न पर
हमारे विश्वास को डिगाने में
सफल नहीं हो पाये
ऊँचे इल्म वाले, बम्बइया फिल्म वाले
न्यासी और संन्यासी डरा नहीं सके
उनके डाकू और लठैत भी
बड़े–बड़े धनकुबेरों को धता बता दी हमने
पेट के ख़ाली गड्ढे को वोट बेचकर नहीं भरा
भले ही भूख से तड़पते हुए मर गये हमारे अनगिनत साथी
पर आज भी हमारा ईमान नहीं मरा
लोकतन्त्र को हम ही बचाये हैं, अपनी जान की बाज़ी लगा कर
फिरकापरस्तों को अब नहीं देंगे लालबत्ती और तिरंगा फहराने को
नहीं देंगे, जी हाँ नहीं देंगे, सरकार चलाने को
हम अनपढ़ और अँगूठा टेक लोगों के सामने
घुटने टेक दिये ऊँचे हुनरवालों ने।
एक बार फिर झुठला दिये उनके एग्जिटपोल।
धरे के धरे रह गये मीडिया वालों के सारे अनुमान
गर्दनें झुक गयीं गुमानियों–अभिमानियों की।
आज वे रुद्धकण्ठ हो मेमना बन मिमिया रहे हैं।
वसन्त आया देख लो अब की बार हमारी बस्ती में
पेड़ से पुराने पत्ते जा रहे हैं
नयी कोपल अब निकलने को हैं, देख लो हर शाख से

पुरानी साख वाले मिट्टी में मिलने जा रहे हैं
कल तक जो हवा में उड़ रहे थे
अब ज़मीन पर मुँह लटकाये खड़े हैं।
हमने उखाड़ फेंका इन्हें
लोकतन्त्र की क्यारी से खरपतवार की तरह
फिर भी बाज़ नहीं आते ये पुराने पैंतरों से
आज भी हैं उसी पैंतरेबाजी में व्यस्त
अपनी धुन में मस्त हैं
गजब के मौकापरस्त हैं
वैसे सच मानें तो अब अस्त हैं।

वर्णवाद का चक्का

जगतगुरु का देश निरक्षर
यह अनबूझ पहेली है
मार अविद्या की सदा
इसी देश ने झेली है।
विद्या के अधिपति
भरे अविद्या से भारी थे
ऋषि–मुनि वंशज
सभी जनेऊधारी थे।
घर से बाहर इन्होंने नहीं ज्ञान को बिल्कुल बाँटा
घर ही घर में चला ज्ञान का राँटा
पढ़ने नहीं दिया ग़ैर को
लुक–छिप पढ़ने पर भी डाँटा।
छल–फरेब कर वेद–शास्त्र और तन्त्र–मन्त्र सब
अपने हित में ढाले
निज कुटुम्ब के साथ अभी तक गटके सोम–सुधा के प्याले
रोका हमें नित्य पढ़ने से, देकर गलत हवाले।
ख़ुद रटवाये निज सन्तति को मनुवादी पाखण्ड पहाड़े
वर्णव्यवस्था कायम करके मानवता के पैर उखाड़े
अहंकार के खोद अखाड़े
अब तक ख़ूब दहाड़े।
ज़ोर–शोर से किया प्रचारित

इसी वर्णमाला को
घर–घर ख़ूब पिलाई मनुवादी हाला को
वेदों से परमिट मिला हुआ है
मनु की इस मधुशाला को।
स्वयं ब्रह्म ने इसे धरा पर पेश किया है
ऋषि–मुनियों ने इसको स्वयं पिया है
राम–कृष्ण ने इसे अन्त तक समृद्ध किया है
स्मृतियों ने इसको जड़ता का रूप दिया है।
महारथी कर्ण
वर्ण की चक्की में पिसकर
चकनाचूर हुए थे
कटा अँगूठा एकलव्य का
प्रतिस्पर्धा में अर्जुन से दूर हुए थे।
त्रेता में शम्बूक तपस्वी
ऋषि वशिष्ठ की सह पर
श्रीराम के हाथों मरने को मज़बूर हुए थे।
इसी धरा पर हुए बाद में
गौतम बुद्ध सरीखे ज्ञानी
निज प्रतिभा से यहाँ बुद्ध ने कर दी वर्णवाद की ख़त्म कहानी
किन्तु बाद में तथागत को भी विष्णु बनाकर पूजा
इतने पर भी सन्तुष्ट हुए न
षड्यन्त्र किया फिर दूजा
देश निकाला दिया युक्ति से बुद्ध के दर्शन को
खुली छूट मिल गयी बाद में वर्णवाद के प्रदर्शन को।
जिसने किया विरोध
अन्त में उसका क़त्लेआम हुआ है
फैल विषमता गयी इसी से
विष का असली यही कुआँ है
जातिवाद निकला है इससे

छुआछूत का यही जनक है
भारत भर में इसकी अब भी बड़ी हनक है।

हुए प्रतापी भीम हमारे दिया मुकम्मल धक्का
उल्टा घूम रहा अब देखो वर्णवाद का चक्का।
संविधान रच निज विवेक से काम किया है पक्का
पड़े जेल में चक्की–पीसें ठगुआ बाबा–चोर–उचक्का।

क़बीर के वंशज

करो–करो ज़ोर–शोर से
ईश्वर की चर्चा करो
नहीं तो
भूख से अभी–अभी दम तोड़ चुका
गाँव का कल्लू चर्चा के केन्द्र में आ जायेगा
कल के अख़बार में जगह पा जायेगा।
करो–करो ज़ोर–शोर से पोथी–पुराणों के
गुण–गान करो
अपनी संस्कृति पर मिथ्याभिमान करो
नहीं तो इस दौर में लिखी गयी
'जूठन' और 'तिरस्कृत' पढ़कर
तुम्हारा सिर शर्म से झुक जायेगा
जिसका इल्ज़ाम हमारे नहीं
तुम्हारे पूर्वजों के सिर पर–जाआगा।
करो–करो ज़ोर–शोर से
भाग्यवाद का प्रचार करो
नहीं तो मेहनतकश और ईमानदार
देहाती मातादीन, लालक़िले
की प्राचीर पर चढ़कर तिरंगा फहरा देगा
पीएम बनकर देश पर पहरा देगा।
करो–करो ज़ोर–शोर से तुम

अपने पाखण्डी पुरखों के लिखे मनगढ़न्त
झूठे साहित्य को महिमामण्डित करो
देश को एक बार फिर खण्डित करो
नहीं तो भुक्त भोगी भंगी–चमार अपनी
सच्ची व्यथा–कथा लिख कर
ज्ञानपीठ पा जायेंगे
विश्वविद्यालयों के पाठ्यक्रम में आ जायेंगे।
और फिर तुम, सेमिनार–संगोष्ठियों से बाहर हो जाओगे
अन्धी खोह में खो जाओगे
और हम रैदास–कबीर वंशज
वाणी के डिक्टेटर बनकर तुम्हें लताड़ेंगे
हर मोर्चे पर अपने झण्डे गाड़ेंगे।

वह भगवान भी अच्छा नहीं!

वह वेद–शास्त्र
अच्छे नहीं हैं–
जिनको पढ़ने से भेदभाव बढ़ता हो
समता का चमन उजड़ता हो
आदमी आपस में झगड़ता हो
ऊँच–नीच के पचड़े में पड़ता हो।

वह धर्म अच्छा नहीं है–
जिसमें वर्णाश्रम का विधान हो
बाम्हन ही जिसका प्रधान हो
जाति से व्यक्ति की पहचान हो।

वह समाज अच्छा नहीं है–
जिसमें औरत नर की दासी हो
आये गर्भ में जा दिन बेटी
घर में छायी उदासी हो
ज्यों–ज्यों उम्र बढ़े बेटी की
सबको चिन्ता ख़ासी हो
प्रेम विवाह की सज़ा
जहाँ पर फाँसी हो
विधवा हो जाने पर बसने को बस मथुरा–काशी हो

पुरुष सेज की ख़ातिर जिसको
बुत सी गयी तराशी हो।
वह व्यवस्था अच्छी नहीं है–
जिसमें गुरु हमारा
शुद्ध जनेऊधारी हो
ठाकुर ही बस केवल युद्ध प्रभारी हो
बनिया ही जिसमें व्यापारी हो
मठ–मन्दिर का केवल विप्र पुजारी हो

मैला ढोने को कल्लू की घरवारी हो
धनियाँ भूखी और उधारी हो
ऊँची कुर्सी उच्च वर्ण को
सेवा–टहल हमारी हो।

वह इन्सान अच्छा नहीं है–
खान–पान में जो बेहद परहेजी हो
वर्णव्यवस्था जिसने स्वयं सहेजी हो
घर–घर जिसने छुआछूत नित भेजी हो।
वह इन्सान भी अच्छा नहीं है–
जो कपटी–कुटिल–कुचाली हो
जिसका मन मानवता से खाली हो
छल–प्रपंच से जिसने अपनी साख बना ली हो
घर में जिसके रोज़ दलाली हो।
वह भगवान भी अच्छा नहीं है–
जो ब्राह्मण की पद रज धोकर पीता हो

निर्वासित जिसके घर से सीता हो
युद्ध हेतु रच डाली जिसने गीता हो
रास रचाने में जिसका पूरा जीवन बीता हो

छल–बल ज़ोर ज़बरदस्ती से
जो गोरस पीता हो
जिसके मुख से मुखरित गीता हो
अन्दर से बिल्कुल रीता हो।

महाकुम्भ

कल ही लौटा है गोटीराम
प्रयागराज से महाकुम्भ स्नान करके
गंगाजल लाया बोतल में भरके
घर के बर्तन–भाँडे गिरवी धर के।
सोचकर गया था कि
महाकुम्भ नहाने से जन्म–जन्मातर के
सारे पाप धुल जायेंगे
स्वर्ग के कपाट मेरे लिए भी खुल जायेंगे
फिर हम भी स्वर्ग में आराम फरमायेंगे
वहाँ इन्द्र की अप्सराओं से अँखियाँ लड़ायेंगे
नाचेंगे–गायेंगे–मौज मनायेंगे–
पर ऐसा कुछ भी नहीं हुआ।
गोटीराम को प्रयाग से लौटने पर भी
किसी ने भी नहीं छुआ।
फिर लौटना पड़ा उसे अपने पुराने धन्धे में।
झाडू लगाने निकल गया सबेरे ही
जुर्माना बतौर देना पड़े अपने साथी
गिरधारी को पाँच दिन के चौदह रुपये
प्रसन्न है गिरधारी, प्रयाग नहीं गया
गोटीराम गुमसुम हो गया
गन्दगी में खो गया।

उठ गया उसका विश्वास
हिन्दू धर्म के हर मंच से
संगम के प्रपंच से।
गोटीराम नहीं जायेगा, कभी नहीं जायेगा
अब महाकुम्भ नहाने।
उसकी जात–जमात पर
जब तक गन्दगी सवार है–
तब तक धर्म–कर्म सब बेकार है।
ऊँच–नीच का जब तक जाति–पाँति आधार है,
महाकुम्भ स्नान से नहीं किसी का बेड़ापार है।

एक और वादाख़िलाफ़ी

गाँधी जी भावुक थे
भावुकता में कह गये एक दिन
मैं अगले जन्म में भंगी के घर जन्म लेना पसन्द करूँगा।
तब से देश के सभी भंगी
उनके जन्म की मनौती मना रहे हैं
पर वे दे गये धोखा, नहीं आये।
मरते वक़्त राम–राम कहा था
इसलिए स्वर्ग में होंगे।
भला कोई स्वर्ग छोड़कर
भारत में भंगी बनने क्यों आयेगा?
जो आये हैं उनसे पूछो
आदमी बनने तक चांस नहीं है
बिल्कुल ही रोमांस नहीं है।
उन्हें आना था जहाँ
आ चुके हैं
छाना न था जहाँ
छा चुके हैं।
पाना था जो पा चुके हैं।
हमारे साथ कर गये
एक और वादाख़िलाफ़ी!

हीरा डोम का तर्क

अगले जन्म में भंगी के घर
आयेंगे गाँधी जी
मेवा नहीं दूसरों की जूठन खायेंगे गांधी जी।
सूअर चरायेंगे गाँधीजी
नगरपालिका में ज़िन्दगी खपायेंगे गांधी जी!
या फिर
मणिकर्णिका घाट पर
मुर्दे जलायेंगे गांधीजी
भंगियों को जिस दशा में छोड़ गये थे
उसी दशा में अब भी पायेंगे गांधी जी।
यानी गांधी के आने तक हमें
भंगी बने रहना है
पाखाने में सने रहना है।
अच्छा होता
गांधी जी अपनी यह हसरत उसी जन्म में
पूरी कर लेते।
किसने रोका था भंगी बनकर ही मर लेते।
दिल्ली की भंगी बस्ती में
अपनी बकरी के साथ
पूज्य बापू बनकर रहना
और जाहिलों की बस्ती में

किसी दूर–दराज गाँव में
झाड़ू के साथ भंगी बनकर रहना
दोनों में भारी फ़र्क़ है
भंगी का जीवन असली नर्क है
बेड़ा पूरी तरह गर्क है
यह मेरा नहीं हीरा डोम का तर्क है।

दलित-विमर्श

कल तक जो लिखने के आदी थे
परियों की कथा–कहानी
औरत के नख–शिख वर्णन में
जिसने पिला दिया था सबको पानी
बसी हुई है जिसके दिल में
वह वेद–शास्त्र की बानी
जिनकी अब भी आराध्य बनी हैं
माँ गायत्री वरदानी।
करें आरती नित मन्दिर में जिनकी
दादी–नानी।
पुरुष सूक्त का भाष्य लिखा–पुरखों ने जिनके
यहाँ–वहाँ से जोड़े जिसने मनुस्मृति के तिनके
उनके ही नौनिहाल अब
दलितों का दुःख–दर्द लिखेंगे
सेमिनार में सबसे आगे
हरदम वही दिखेंगे।
कलावाद का नारा देंगे
भाववाद का चारा देंगे
लेंगे उत्तेजक बहसों में हिस्सा
दलितों के सिर पर थोपेंगे फिर
जबरन राम–कृष्ण का क़िस्सा।

'दलित–विमर्श' की चिन्ता उनको भारी है
लेखन इनका अब नये सिरे से जारी है
लिखने–पढ़ने की अब भी इनकी ठेकेदारी है।
अगर लिखें हम अपनी पीड़ा
अपनी भाषा अपने तेवर में।
एतराज़ है इनको भारी
लख साहित्य नये कलेवर में।
कहते हैं हम भी लिखेंगे अब
दीन–दलित के फ़ेवर में।
सदियों पूर्व लिखा था हमको
असुर–राक्षस तुमने
दर्ज़ा दिया हमें था पशुओं से भी बदतर तुमने
शूद्र कहा दानव और दनुज भी
अपने लिए देवता लिखा
हमको लिखा नहीं मनुज भी
अब क्यों आये हो
शामिल होने शूद्र–असुर की टीम में
बढ़ गयी एकाएक क्यों दिलचस्पी
आज तुम्हारी 'भीम' में
रमो वहीं पर अपने राम–रहीम में।
आना है तो बेशक आओ–
रामचरित को मत दुहराओ।
दलितों की पीड़ा लिखने से पहले वर्णव्यवस्था छोड़ो तुम
स्मृतियों में आग लगाओ
वेद–शास्त्र को नहीं आज फिर ओढ़ो तुम
जातिवाद से बिल्कुल अपना नाता तोड़ो तुम
अपनी माँ–बहनों को भी
इसी मार्ग पर मोड़ो तुम।
समता–ममता मिले जहाँ भी

उसका सत्त्व निचोड़ो तुम।
मानव से मानव का रिश्ता
फिर आपस में जोड़ो तुम
नफ़रत के जो घड़े पुराने
उनको जल्दी फोड़ो–फेंको तुम।

पुरानी याददाश्त

घर अपना, चबूतरा अपना।
चबूतरे पर बिछी खटिया अपनी।
लेकिन आश्चर्य कि हम अपनी ही
खटिया पर नहीं बैठ सकते।
अगर बैठ गये तो
गाँव का मुखिया
लाल–पीला हो जायेगा
पन्द्रहवी सदी में खो जायेगा।
विरोध जताने पर
देश में एक बार फिर
बेलछी काण्ड हो जायेगा।
इक्कीसवी सदी में प्रवेश करते अपने गाँव
अभी हमारा अपनी ही खटिया पर बैठना बर्दाश्त नहीं कर पाते।
ऐंठ जाते हैं गाँव के मुखिया–माते।
उन्हें हमारा खटिया पर बैठना उसी तरह खलता है जैसे कोई
विरोधी दल दिल्ली के तख़्त पर बैठ गया हो।
काश! अगर हम किसी दिन
सचमुच में ही दिल्ली के तख़्त पर बैठ गये
तब इनका हाल क्या होगा?

कैसे कर पायेंगे उस सदमे को बर्दाश्त
कहाँ ले जायेंगे अपनी पुरानी याददाश्त?
भला इसी में है–
गाँव अब अपना गँवारूँपन छोड़ दें
ऊँच–नीच की मिथ्या दीवारें तोड़ दें
घृणा के बेतुके घट जल्दी ही फोड़ दें।
हमें भी मुख्यधारा से जोड़ दें...।

अभिनन्दन करते हैं

वे सबके सब
देवता हैं
जिन्होंने भोगा है
मनचाहा यौन सुख।
कुमारियों का शीलभंग
इनका स्वभाव था
उफ! नहीं करता था कोई भी
ऐसा, व्यवस्था का दबाव था।
व्रत भंग किया करते थे
वे पतिव्रता नारी का
लेबल लगा रखा था ऊपर से
अवतारी का
लुच्चापन जिनकी फितरत में था
बने उन्हीं के मठ और मन्दिर।
वे ही भव्य नियामक जग के
वे ही देवलोक के दिव्य पुरन्दर।
छलिया थे सबके सब मिले पुष्ट प्रमाण
सतियों पर चलते सदा कामदेव के बाण।
सुरा–सुन्दरी सुर समूह की लाचारी थी
इन्द्र तुम्हारी टीम बड़ी बिकट व्यभिचारी थी।
बलात्कार के जुर्म में

जिन्हें सज़ा–ए–मौत मिलनी चाहिए थी
वे सब के सब मृत्यु से मुक्त हैं
वैसे यह सब अब तीन सौ छिहत्तर के अभियुक्त हैं।
अफ़सोस!
हम अब भी उन सब का वन्दन करते हैं
सुबह–शाम अभिनन्दन करते हैं....।

उत्तर

तुम नासमझ नहीं थे
मूर्ख और गँवार भी नहीं थे
तुम्हारे माथे पर
छपा था–चन्दन का तिलक
छाती पर पड़ा था लम्बा जनेऊ।
हाथ में थी
धर्म की मोटी पोथी
मुख में थीं
वेद की ऋचाएँ
महकती थीं–यज्ञ से फ़िज़ाएँ
तुम्हारे ही चेलों की
उस वक़्त सरकारें थीं
आँगन में तुम्हारे
बहारें ही बहारें थीं।
समदर्शी था भाव तुम्हारा!
वसुधैव कुटुम्बकम् का
दिया तुम्हीं ने नारा....!
फिर क्यों रचीं बेतुकी स्मृतियाँ?
फिर क्यों गढ़े भेदभाव के ग्रन्थ?
फिर क्यों किया आदमी से जानवरों–सा व्यवहार ?
फिर क्यों गिराया आदमी का गौरव?

फिर हमें क्यों रोका गया पढ़ने से?
युद्ध में लड़ने से?
कुएँ पर चढ़ने से?
आज नहीं तो कल
तुमको इसका उत्तर देना होगा
युग–युग से जो हमने भोगा...।

कबीर के चेले

तुम्हें मुबारक आडम्बर–छल, हम कबीर के चेले हैं
सूली ऊपर सेज पिया की निराकार संग खेले हैं।
काशी में रैदास हमारे कठिन मुसीबत झेले हैं।
जूता गाँठ करी कविताई भारी पापड़ बेले हैं।
उद्धारक हैं भीम हमारे झेले लाख झमेले हैं।
अपनाया है 'बौद्ध धम्म' को दुःख के पर्वत ठेले हैं
नारी के हित लड़ने वाले अपने भीम अकेले हैं।
उखड़ गये पण्डाल सभी के लगे 'भीम' के मेले हैं
चौराहों पर खड़े शान से ठाठ–बाट अलबेले हैं।

डिस्कवरी

आ गया फिर साज़िशों का दौर
साज़िशदारों के सिरों पर मौर।
आदमी को छोड़ घोड़ों के जुटाये जा रहे अजीब प्रमाण।
ऐसे कर रहे हैं—वे इतिहास का निर्माण।
भाषा से भी की जा रही अब छेड़खानी
आक्रान्ता बनाये जा रहे देशभक्त
आरम्भ हो गयी स्वार्थ के तरीक़े से
वेदों की जाँच—पड़ताल
खड्‌ग से जोड़ी जा रही खड़ताल।
सिन्धुघाटी—सभ्यता के अवशेष
हो गये संगोष्ठियों से नदारद
जहाँ मौजूद है हमारा समुन्नत भारत।
छुपाई जा रही है इतिहास की जीवन्त इबारत।
हाय! अब क्या होगा—
डिस्कवरी ऑफ़ इंडिया का—
जिसे पढ़कर बूढ़ी हो चुकी एक पीढ़ी
दूसरी जवान तीसरी बचपने में है।
खैर...।
आक्रमणकारी कब चिन्ता किया करते हैं
पीढ़ियों की, सीढ़ियों की—
जिन्हें चिन्ता नहीं इंडिया की—
वे चिन्ता क्यों करे
डिस्कवरी ऑफ़ इंडिया की?

चन्दामामा

हे सिद्धेश्वर
तुम्हें सिद्ध करते देर न लगी–
गणेश ही गोबर है
गोबर ही गणेश है।
पैदा करा दिये 'पारे' से पाराशर
मछली से मकरध्वज
पवन से पवनसुत
खीर से दशरथ नन्दन
धरती को रखवा दिया–
शेषनाग के फन पर
कभी गाय के सींग पर।
अभी–अभी सिद्ध किया है
तुम्हारे तथाकथित बुद्धजीवियों ने
कि आर्य चरवाहों की शक्ल में
भारत से ही बाहर गये थे?
कोई माने–न माने
तुमने मान ही लिया–
अपनी गोष्ठियों–संगोष्ठियों में
और इस सुखद अहसास से
तुम्हारी पूरी जमात
ठीक उसी तरह प्रसन्न है–
जैसे बाल–गोपाल कृष्ण प्रसन्न हुए थे
पानी भरे थाल में चन्दा मामा को पा कर।

बुद्धत्व का रास्ता

आसान नहीं है
बुद्धत्व का आसन पाना
बुद्धत्व पाने के लिए
नहीं चाहिए कोई राजमुकुट
नहीं चाहिए रथों में जुते घोड़े
पैदल सैनिक अथवा सैन्य सामग्री
नहीं चाहिए कोई गाण्डीव
ना ही ब्रह्मास्त्र।
बुद्धत्व पाने के लिए
खोना पड़ता है अपना राजपाट
त्यागना पड़ती है, घर–गृहस्थी
त्यागना पड़ता है
दुःख का कारण जानने के लिए
ब्याहता पत्नी को
सगे–सम्बन्धियों को
सारे–रिश्तों को तोड़ना पड़ता है
एक ही झटके में।
बुद्धत्व पाने के लिए
खोना पड़ता है, अपना सबकुछ
कुछ भी नहीं रखना पड़ता है
अपने पास।

बुद्धत्व पाने के लिए
चाहिए एकान्त
ऐसा एकान्त
जिसमें अपने होने की
ख़बर न रहे।
बुद्धत्व पाने के लिए चाहिए
किसी नदी का निर्जन किनारा
मोर जहाँ करते हों नाच
कुलाँचे भरते हों हिरण–चीते।
बुद्धत्व पाने के लिए
एक अदद पीपल का पेड़ ही
काफ़ी है
काफ़ी है, भूखे पेट को
बस एक कटोरा खीर।
बुद्धत्व पाने के लिए
नहीं करना पड़ता है
कोई अश्वमेध यज्ञ
नहीं करनी पड़ती है
कोई भीष्म प्रतिज्ञा।
नहीं ढूँढ़ना पड़ता है
कोई गुरु, ऋषि या महर्षि।
नहीं देनी पड़ती है, पशुबलि
किसी यज्ञ के लिए।
नहीं करना पड़ता है
कोई जप–तप।
बुद्धत्व पाने के लिए
नहीं चाहिए
किसी से वरदान
नहीं करना पड़ता है किसी का वध

या अपमान।
बुद्धत्व पाने के लिए
नहीं चाहिए कोई ऊँचा कुल
नहीं चाहिए काँधे पर जनेऊ
या धनुष–बाण।
बुद्धत्व पाने के लिए
ज़रूरी है करुणा से भरा हृदय
बहुत ज़रूरी है वाणी में मधुरता
संयम–नियम और
चरित्र का खरापन।
पर दुखकातरता को
बनाना पड़ता है
अपने जीवन का हिस्सा।
बुद्धत्व पाने के लिए
भाग्य–भगवान
पाप–पुण्य
आत्मा–परमात्मा
स्वर्ग–नर्क की अवधारणा और
पुनर्जन्म को
पूरी तरह से नकारना पड़ता है
मारना पड़ता है काम को।
बुद्धत्व पाने के लिए
पैदल चलकर ही नापना पड़ता है
धरती को
बुद्धत्व पाने के लिए
ख़ुद को उठाना पड़ता है
इतना ऊँचा कि
आकाश बौना लगने लगे
क़दमों में आकर झुक जायें

बड़े–बड़े रथी–महारथी
रुक जायें सामने आकर
डाकुओं के काफ़िले
फेंक दें वे अपने जानलेवा हथियार।
सामने आकर नगरवधुएँ झुका लें
अपनी नज़रें
और नज़र से नज़र मिलने पर
बन जायें भिक्षुणीं।
बुद्धत्व पाने के लिए
ज़रूरी है अहिंसा को
अपने जीवन का मूल्य बना लेना
परनिन्दा से पल्ला झाड़ लेना
मैत्री और दया को
आभूषण बना लेना।
बुद्धत्व पाने के लिए
लेना पड़ता है संकल्प–
धरती को रक्तरंजित होने से
बचाने का
हो जाना पड़ता है
अपने जीवन मूल्यों के लिए कुर्बान
युद्ध से विरत हो जाना पड़ता है
सदा के लिए।
बुद्धत्व पाने के लिए
पार पाना पड़ता है 'अति' से
मध्यम मार्ग पर चलने का
करना पड़ता है अभ्यास
सम्यक ज्ञान, सम्यक दृष्टि
के बिना असम्भव है
बुद्धत्व की प्राप्ति।

बुद्धत्व पाने के लिए
करना पड़ता है अहंकार का विसर्जन
बनना पड़ता है 'अप्प दीपो भव'
तब कहीं जाकर पा सकता है
कोई बुद्धत्व...।
तभी बन सकता है
कोई तथागत गौतम बुद्ध
प्रबुद्ध, महामानव, महाकारुणिक।

दलित कविता

दलित कविता,
न गंगा है, न गाय है
न धर्मशाला है, न सराय है,
समाज को जगाने का
कारगर उपाय है।
दलित कविता
मनोरंजन के लिए नहीं
दुःख भंजन के लिए जन्म लेती है।
दलित कविता ही
काग़ज़ पर मनुष्यता के फूलों की खेती है।
दलितों द्वारा सृजित कविता,
दलित कविता है,
दक्षिणी दिशा से उगा हुआ
कभी न अस्त होने वाला सविता है।
इसका आधार
भारत के संविधान की प्रस्तावना है
इसमें स्वतन्त्रता–समता, बन्धुता की भावना है।
आदमी के मनुष्य होने की प्रबल सम्भावना है।
दलित कविता
गौतम बुद्ध की ज्ञानात्मक बेटी है
दलितों के दुःख–दर्द की मतपेटी है।

दलित कविता
आम आदमी के लिए
रैदास–कबीर द्वारा उपहार में दी गयी
'जीवन ज्योति' है,
साहित्य में मनुष्यता के बीज बोती है
मज़दूर के पसीने से उपजा अनमोल मोती है।
दलित कविता
काल्पनिक इन्द्र और विष्णु से टक्कर लेती है
ऋषियों–महर्षियों को चुनौती देती है
भिड़ बैठती है– वशिष्ठ–विश्वामित्र से
भेदभाव ख़त्म करती है, भारत के मानचित्र से।
दलित कविता
वाल्मीकि के द्वारा कल्पित राम को, शम्बूक की हत्या के
जुर्म में, ख़ूब खरी–खोटी सुनाती है
रामराज्य की जमकर खिल्लियाँ उड़ाती है। भारत में दलितों
का पग–पग पर रुतबा बढ़ाती है।
दलित कविता
कृष्ण की 'रासलीला' का पुरज़ोर विरोध करती है
'राधावाद' के विरुद्ध जनता से लामबन्द होने का अनुरोध
करती है,
'स्त्री अस्मिता' की ख़ातिर,
सबकुछ कर गुज़रती है।
दलित कविता
द्रोणाचार्य के ख़िलाफ़ खड़ी हो जाती है
अँगूठा कटे एकलव्य का साथ देकर,
हिमालय से बड़ी हो जाती है।
दलित कविता
तुलसी के रामराज्य को सिरे से ख़ारिज करती है,
देशवासियों से

वर्णव्यवस्था के मकड़जाल से निकलने की गुज़ारिश करती है
दलित कविता
अवतारवाद को आड़े हाथों लेती है
मनुपुत्रों को मुँहतोड़ जवाब देती है।
स्वर्ग–नर्क को करती है, अस्वीकार
पुनर्जन्म को झूठ पर जमकर करती है प्रहार
पुरोहितों के पाखण्ड को कर देती है तार–तार।
दलित कविता
बिना किसी तोप–तलवार के
वर्णव्यवस्था के गढ़ को
शब्दों के विस्फोट से उड़ा देती है,
पोथी–पण्डितों के छक्के छुड़ा देती है।
दलित कविता
मनुवादी मीडिया की बखिया उधेड़ती है
कभी किसी की बहू–बेटियों को नहीं छेड़ती है।
दलित कविता
ठाकुर की हवेली पर ज़ोरदार हमला बोलती है
हवेली के सारे राज़ खोलती है
दलित कविता
तिलक, तराजू और तलवार पर कहर बरपाती है
धर्मसत्ता की बुनियाद हिलाती है
समाज में अहिंसक इंकलाब लाती है।
दलित कविता
कम्युनिस्टों के चाल–चलन पर
वाजिब सवाल उठाती है
उनके वर्णवादी चरित्र को बाहर लाती है,
वर्ग को दरकिनार कर
जाति–पाँति का मुद्दा उठाती है
अनेक मुद्दों पर

मार्क्सवाद से ख़ुद को बचती–बचाती है।
दलित कविता
गाँधी को कठघरे में खड़ा करती है
करती है प्रेमचन्द पर खुलकर बहस,
वेद और गीता का बहिष्कार करती है
दलित मुद्दों को लेकर ज़मीन पर उतरती है।
दलित कविता
पूँजीवाद और ब्राह्मणवाद
को जुड़वा सन्तति मानती
अपने दुश्मनों को
अच्छी तरह पहचानती है।
दलित कविता
प्रज्ञासूर्य बाबा साहब अम्बेडकर की
वैचारिक आभा से आलोकित
शब्दों का प्रकाश स्तम्भ है।
दलित कविता
दलितों के अन्दर की धधकती
अग्निज्वाला है
अन्धकार के विरुद्ध
अक्षरों का उजाला है।
दलित कविता में शुमार है
जयभीम का नारा
दलित कविता में बुलन्द है,
बाबा साहब का सितारा।
दलित कविता
दलितों की मुक़म्मल आवाज़ है
दलित कवियों पर
इस देश को नाज़ है
दलित कविता का अलग तेवर,

अलग अन्दाज़ है।
दलित कविता
लोकतन्त्र का मज़बूत आधार है
भारत के संविधान का सार है
बाबा साहब के विचारों का विस्तार है
दलित कवियों का आभार है,
आभार है, आभार है।

❑❑